30 DAY KOREAN 8

30 DAY KOREAN
MP3 QR

30 Day Korean 8

초판 1쇄 발행 2025년 12월 15일

지은이 (주)그린한국어학원
펴낸이 박영호, 박민우
기획팀 송인성, 김선명, 김선호
편집팀 박우진, 김영주, 김정아, 최미라, 전혜련, 박미나
관리팀 임선희, 정철호, 김성언, 권주련
펴낸곳 (주)도서출판 하우

주소 서울시 중랑구 망우로68길 48
전화 (02)922-7090
팩스 (02)922-7092
홈페이지 http://www.hawoo.co.kr
e-mail hawoo@hawoo.co.kr
등록번호 제2016-000017호

값 30,000원
ISBN 979-11-6748-272-3 14710
ISBN 979-11-6748-102-3 (set)

MP3 다운로드 www.hawoo.co.kr 접속 후 '자료실'에서 다운로드

GREEN KOREAN
LANGUAGE SCHOOL

30 DAY KOREAN 8

(주)그린한국어학원 지음

Hawoo Publishing Inc.

머리말

2008년 개원 이래 (주)그린한국어학원은 한국어와 한국 문화를 배우고자 하는 다양한 국적과 연령의 외국인 학습자들을 대상으로 한국어 교육을 진행해 왔습니다. 오랜 시간 많은 학습자들로부터 사랑받아 온 그린한국어학원의 의사소통 능력 중심 교육과정은 한국어 학습이 단편적으로 지식을 습득하는 수준을 넘어 한국 사회 문화를 경험하는 통로가 되도록 구성되어 있습니다. 특히 문화체육관광부에서 제정한 한국어 표준 교육과정에 기반하여 기존의 교육과정을 보완한 결과, 신뢰할 수 있을 뿐 아니라 더욱 정교해진 자체 교육과정을 수립하게 되었습니다.

(주)그린한국어학원에서는 한국어 학습자들이 교육 환경에 제약받지 않고 국내외 어디서든 양질의 교육 서비스를 받을 수 있도록 자체 교육과정을 기반으로 한 교재 30 Day Korean을 개발하였으며 이를 기반으로 한 정규 오프라인 수업 및 온라인 수업을 운영하고 있습니다.

30 Day Korean 8은 중급 수준의 한국어 학습자를 위해 제작되었으며 어휘, 문법, 말하기, 듣기, 읽기, 쓰기, 심화 표현 학습 순으로 구성되어 있습니다. 각 단원은 의사소통 능력 향상에 필수적인 주제를 중심으로 영역별 내용이 서로 긴밀하게 연계되어 있으며 이를 통해 학습자가 언어 지식을 실제 맥락 속에서 이해하고 연습하면서 언어 사용으로 전이되도록 설계되었습니다.

30 Day Korean 8의 한 과는 약 5시간용으로 오프라인 수업이나 자가 학습의 경우 이틀에 한 과씩 학습할 수 있습니다. 본 교재를 활용한 온라인 수업에서는 애니메이션, 퀴즈, 동영상 강의 등 생동감 넘치고 흥미로운 학습 콘텐츠를 활용하여 일주일 동안 교재의 한 단원을 학습합니다. 특히 이 온라인 교육과정은 6일 동안 자가 학습하고, 7일 차에는 한국인 선생님과 라이브 클래스를 통해 앞서 공부한 내용을 바탕으로 의사소통 중심 수업에 참여하는 플립러닝(Flip Learning) 형태의 학습 방식으로 운영하고 있습니다. 학습자들은 이와 같은 오프라인, 온라인, 온오프라인 통합 교육과정을 통해 보다 효과적이고 연속성 있는 한국어 학습을 기대할 수 있습니다.

본서가 한국어를 효율적으로 배우고, 한국을 깊이 이해하며 체험하기를 희망하는 전 세계 한국어 학습자들에게 유용하게 쓰이기를 바랍니다.

마지막으로 본서의 집필을 위해 오랜 시간 애써주신 (주)그린한국어학원 직원분들과 집필진 선생님들께 진심으로 감사드립니다. 특히 30 Day Korean 교재 집필 초기부터 함께하시며 귀중한 지식과 경험으로 큰 힘이 되어주신 권현정 선생님께 각별한 감사를 전합니다.

(주)그린한국어학원

원장 **김 인 자**

일러두기

30 Day Korean 8은 총 10개의 단원으로 각 단원은 다음과 같이 구성되어 있습니다.

Part 1 – 언어 지식				Part 2 – 언어 기능				Part 3 – 심화 표현
어휘 학습	어휘 연습	문법 학습	문법 연습	말하기	듣기	읽기	쓰기	한국어 더하기

PART 1에서는 어휘와 문법을 중심으로 언어 지식을 습득하여 한국어의 정확성을 높이고, PART 2에서는 한국어의 표현 영역인 말하기, 쓰기 기능과 이해 영역인 듣기, 읽기 기능을 다양한 활동을 통해 실제적 맥락 속에서 의미를 파악하고 형태를 연습하면서 한국어의 유창성을 키울 수 있습니다. PART 3에서는 한국어 관용 표현, 속담 등 한국 문화를 알 수 있는 심화 표현을 배우고 이를 실제 한국 생활 속에서 마주칠 수 있는 대화문이나 문장들로 연습하며 한국어와 한국 문화를 깊게 이해할 수 있습니다.

30 Day Korean 6부터 어휘, 문법, 말하기, 듣기, 읽기, 쓰기, 한국어 더하기 각 영역에 의사소통 능력 향상에 집중한 말하기 활동+ 문제를 추가하여 학습한 한국어를 실제 맥락 속에서 바로 활용하여 발화할 수 있도록 구성했습니다.

학습 단원

단원의 주제와 연관된 그림으로 학습 내용을 추측할 수 있습니다.

도입 질문

단원의 주제를 아우르는 질문을 제시하여 단원 주제에 대해 생각해 볼 수 있도록 구성했습니다.

학습 내용

단원의 학습 목표와 영역별 내용을 한눈에 확인할 수 있습니다.

어휘

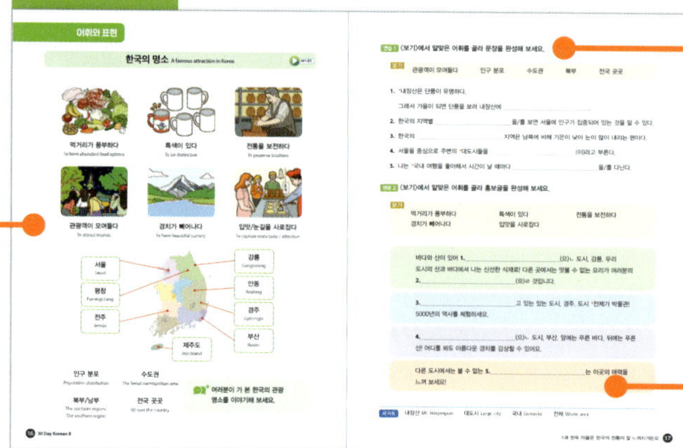

어휘 학습

주제 어휘를 관련 이미지와 함께 제시하여 의미를 쉽게 파악할 수 있도록 구성했습니다.

연습 1 & 연습 2

다양한 방식의 연습 문제를 통해 실제 상황 속에서 해당 어휘가 어떻게 활용되는지 확인할 수 있습니다.

말하기 활동 +

주제와 관련된 질문에 답하면서 목표 어휘를 사용하여 말할 수 있습니다.

문법

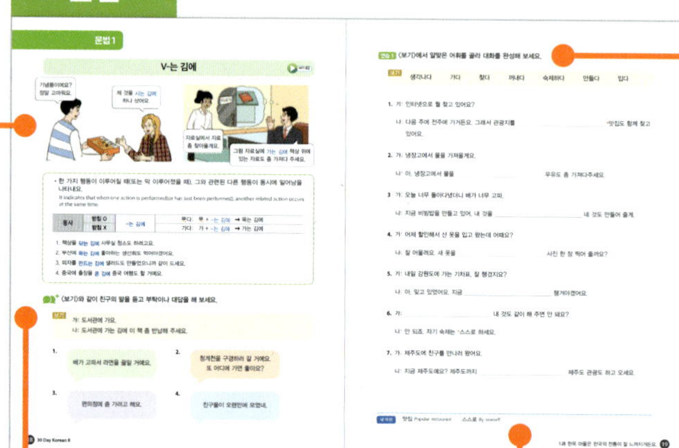

문법 학습

목표 문법이 사용되는 실제 대화를 그림과 함께 제시했으며, 문법의 의미와 형태 변화를 예문을 통해 쉽게 파악하고 응용할 수 있도록 구성했습니다.

연습

학습한 문법의 기능을 실제적인 맥락 속에서 확인할 수 있도록 연습 문제를 구성했습니다.

말하기 활동 +

목표 문법을 활용한 말하기 활동을 통해 해당 문법의 의미를 이해하고 형태를 익힐 수 있도록 구성했습니다.

새 어휘

새롭게 제시된 어휘나 표현을 쉽게 확인할 수 있도록 별도로 제시했습니다.

말하기

말하기

단원의 주제, 목표 어휘, 목표 문법으로 실제적인 맥락 속에서 말하기를 연습할 수 있도록 대화문을 구성했습니다.

연습 1

대화문의 내용을 충분히 이해했는지 확인할 수 있습니다.

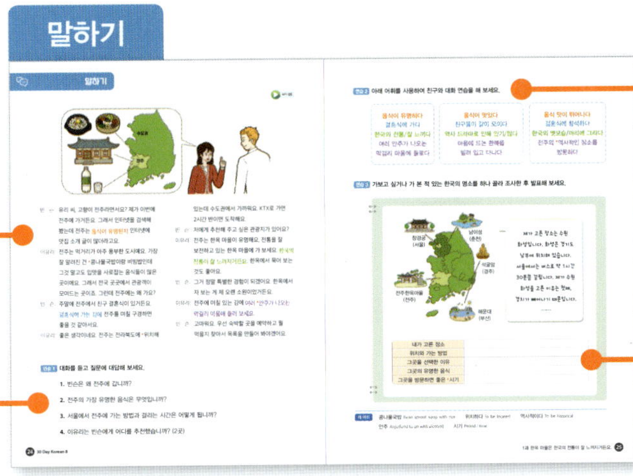

연습 2

여러 가지 상황 맥락을 활용하여 주요 문장 구조를 익힐 수 있습니다.

연습 3

단원의 주제에 맞춰 보다 자유로운 말하기 연습을 할 수 있도록 활동을 구성했습니다.

듣기

준비

듣기 전 주제와 관련된 질문과 그림으로 배경지식을 활성화하고 들을 내용을 예측할 수 있도록 구성했습니다.

연습 1

들은 내용을 충분히 이해했는지 확인할 수 있습니다.

연습 2

다시 한번 더 들은 후 내용과 관련된 질문에 답할 수 있습니다.

연습 3

주요 문장이 포함된 부분을 듣고 연습할 수 있습니다.

읽기 & 쓰기

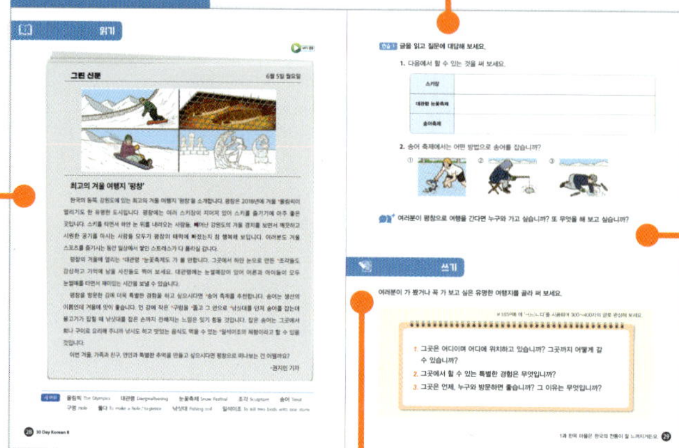

읽기

학습 목표와 주제가 반영된 설명문, 칼럼, 기사, 감상문 등의 다양한 종류의 글을 그림과 함께 제시했습니다.

연습

읽기 텍스트를 충분히 이해했는지 확인할 수 있습니다.

말하기 활동 +

읽은 후 단계로 읽기의 주제 및 기능과 연계된 질문을 제시하여 읽기 텍스트와 관련된 생각을 이야기해 볼 수 있도록 구성했습니다.

쓰기

과정 중심 글쓰기 활동으로 쓰기 전 단계에 주어진 표 안에 자신이 쓸 내용의 개요를 간단히 적을 수 있도록 구성했습니다. 이 과정을 바탕으로 원고지 위에 정확하게 글을 쓸 수 있도록 각 단원별 원고지 쓰기 연습 페이지를 따로 구성했습니다.

한국어 더하기

한국어 더하기

그림을 통해 제시된 표현의 의미와 실제 맥락 속에서 어떻게 쓰이는지 유추할 수 있습니다.

연습 1

그림을 보고 유추한 표현의 의미를 정확히 확인할 수 있도록 구성했습니다.

연습 2

학습한 표현의 의미를 실제적인 맥락 속에서 확인할 수 있도록 연습 문제를 구성했습니다.

말하기 활동 +

배운 표현들을 활용하여 실제 상황에서 어떻게 쓰이는지 말하기 연습을 할 수 있습니다.

차례

내용 구성표

단원		어휘	문법	말하기
1과	한옥 마을은 한국의 전통이 잘 느껴지거든요.	한국의 명소	V-는 김에 V/A-는/(으)ㄴ지 V-아/어지다	전주는 음식이 유명한지 맛집 소개 글이 많더라고요.
2과	입구가 계단인 탓에 휠체어로는 들어갈 수가 없어요.	문제와 해결	V/A-는/(으)ㄴ 탓에 V-고 말다 V-(으)ㄹ까 말까 하다	학교에 몸이 불편한 학생들을 위한 시설이나 서비스가 또 있어?
3과	인터넷 사용의 필요성을 느낀 사람들이 PC방을 찾기 시작했대.	일상 속 별명	V/A-냐에 따라 V-(으)ㄹ 뻔하다 N에 비해(서)	내가 지금 마시는 믹스커피도 한국에서 발명된 거야.
4과	잘못된 자세로 일하다가는 일상생활도 불편해질 수 있어.	질병과 예방	N(이)라도 V/A-든(지) V/A-든(지) V-다가는	컴퓨터 앞에 앉아서 일하는 사람들이 '거북목 증후군'에 잘 걸린대.
5과	안전 규칙만 잘 지키면 사고가 날 리 없어요.	사건과 사고	N에 따르면/의하면 V/A-아/어야 할 텐데 V/A-(으)ㄹ 리가 없다	우리의 안전을 위해서 규칙을 잘 지켜야지요.
6과	사실 난 너와 달리 내성적이고 부끄러움이 많잖아.	성격과 태도	V/A-았/었어야 했는데 V-(으)려던 참이다 V-는 바람에	발표 주제를 바꾸자고 한 것도 너무 변덕스럽게 느껴졌어.
7과	요즘은 일과 삶의 균형을 찾으려는 사람들이 많다.	직장 문화	V/A-고도 V/A-기에 V-(으)ㄴ 채로	직장에서의 점심 문화가 많이 변했다고 생각해요.
8과	학교는 공부뿐 아니라 사회성을 배우는 곳이기도 합니다.	한국의 교육	V/A-(느)ㄴ다니/다니 V-기만 하면 V/A-는/(으)ㄴ셈이다	오늘은 한국의 공교육과 사교육에 대해 이야기해 보겠습니다.
9과	인터넷으로 드라마면 드라마, 음악 방송이면 음악 방송 뭐든지 볼 수 있어요.	대중매체	V/A-는/(으)ㄴ 척하다 N치고 N(이)면 N, N(이)면 N	한국의 대중문화는 세계적으로 영향력이 커져 가고 있습니다.
10과	새로 나오는 기술들은 어르신들께는 어렵게 느껴지기 마련이지.	사회 문제	V/A-(으)ㄹ 따름이다 V/A-기 마련이다 V-(으)ㄹ걸 그랬다	키오스크로 주문하는 걸 어려워 하시기에 내가 대신해 드렸어.

듣기	읽기	쓰기	한국어 더하기
눈과 입이 즐거운 안동 하회마을로 꼭 한번 와 보시기 바랍니다.	최고의 겨울 여행지 '평창'을 소개합니다.	가 봤거나 꼭 가 보고 싶은 유명한 여행지를 써 보세요.	
어떤 문제가 생기면 외국인 종합 안내센터에 도움을 요청해요.	저는 제 성격 때문에 고민이 많습니다.	다음 문제에 대처할 방법을 제시해 보세요.	속담 ③
김치냉장고의 발명으로 김치를 더 신선하게 보관할 수 있게 되었습니다.	한국을 대표하는 발명 중 하나는 「직지심체요절」입니다.	우리 생활의 질을 향상시킨 발명을 하나 골라서 소개해 보세요.	
오늘은 '질병 예방의 중요성'에 대해 말씀드리겠습니다.	건강을 회복하는 데 도움이 되는 음식에 뭐가 있을까?	병에 걸렸을 때 집에서 치료하는 전통적인 방법을 소개해 보세요.	사자성어 ②
최근 인터넷에서 가짜 뉴스가 퍼지는 사건이 자주 일어나고 있는데요.	화재 예방, 조금만 신경 쓰면 돼요.	여러분 나라에서 일어난 사건이나 사고에 대해 써 보세요.	
우선 긍정적으로 생각하고 표현하는 게 중요하대.	'빨리빨리' 문화는 지금도 한국 사회에서 쉽게 찾아볼 수 있다.	친구나 가족 중에서 한 명을 골라 닮고 싶은 성격에 대해 써 보세요.	접두사
요즘은 회식 분위기가 많이 달라졌다고 들었습니다.	일과 삶의 균형을 찾는 방법	여러분이 바라는 직장 문화를 써 보세요.	
한국이 발전하기 위해서는 교육을 받은 인재들이 필요했다.	한국의 대학 입시 제도	아이를 교육하는 올바른 방법에 대한 자신의 생각을 써 보세요.	수량과 단위
여러분이 기다리시던 김그린 씨가 출연하실 예정입니다.	결승 경기도 저희 방송과 함께 해 주시기 부탁드립니다.	기존의 대중매체와 요즘 유행하는 1인 미디어를 비교해 보세요.	
집값 문제가 우리 사회에 미치는 영향이 큰 것 같아요.	매년 떨어지는 출산율에 대하여	스팸 문자에 대한 조사 결과를 정리해 써 보세요.	접미사 ②

등장인물

이유리
나라: 한국
직업: 주부
나이: 29세
김영수
나라: 한국
직업: 회사원
나이 :32세
타쿠야
나라: 일본
직업: 회사원
나이: 30세
GREEN KOREAN
LANGUAGE SCHOOL
흐엉
나라: 베트남
직업: 주부
나이: 26세
이리나
나라: 러시아
직업: 대학생
나이: 22세
빈슨
나라: 미국
직업: 요리사
나이: 27세
박수진
나라: 한국
직업: 한국어 선생님
나이: 29세

나타완
나라: 태국
직업: 대학원생
나이: 26세
제임스
나라: 미국
직업: 회사원
나이: 28세
야오밍
나라: 중국
직업: 대학원생
나이: 27세
유코
나라: 일본
직업: 회사원
나이: 28세
조나단
나라: 프랑스
직업: 의사
나이: 32세
에릭
나라: 가나
직업: 대학생
나이: 23세

1과 한옥 마을은 한국의 전통이 잘 느껴지거든요.

여러분은 한국에서 어디를 여행해 봤어요?
이야기해 보세요.

어휘와 표현	한국의 명소
문법	V-는 김에
	V/A-는/(으)ㄴ지
	V-아/어지다
말하기	전주는 음식이 유명한지 맛집 소개 글이 많더라고요.
듣기	눈과 입이 즐거운 안동 하회마을로 꼭 한번 와 보시기 바랍니다.
읽기	최고의 겨울 여행지 '평창'을 소개합니다.
쓰기	가 봤거나 꼭 가 보고 싶은 유명한 여행지를 써 보세요.

어휘와 표현

한국의 명소 A famous attraction in Korea

MP3 01

먹거리가 풍부하다
To have abundant food options

특색이 있다
To be distinctive

전통을 보전하다
To preserve tradition

관광객이 모여들다
To attract tourists

경치가 빼어나다
To have beautiful scenery

입맛/눈길을 사로잡다
To capture one's taste / attention

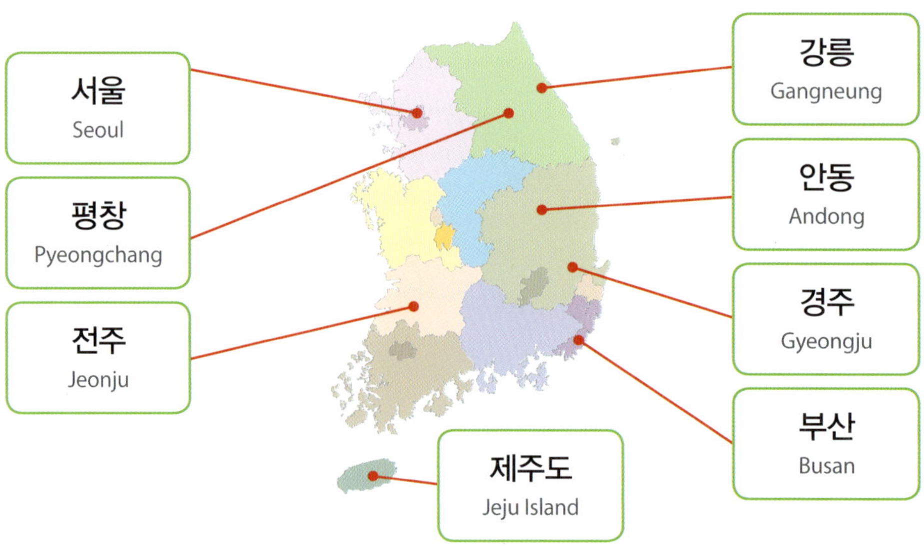

인구 분포
Population distribution

수도권
The Seoul metropolitan area

북부/남부
The northern region/
The southern region

전국 곳곳
All over the country

여러분이 가 본 한국의 관광 명소를 이야기해 보세요.

연습 1 <보기>에서 알맞은 어휘를 골라 문장을 완성해 보세요.

보기 관광객이 모여들다 / 인구 분포 / 수도권 / 북부 / 전국 곳곳

1. *내장산은 단풍이 유명하다.
   그래서 가을이 되면 단풍을 보러 내장산에 ______________.
2. 한국의 지역별 ______________을/를 보면 서울에 인구가 집중되어 있는 것을 알 수 있다.
3. 한국의 ______________ 지역은 남쪽에 비해 기온이 낮아 눈이 많이 내리는 편이다.
4. 서울을 중심으로 주변의 *대도시들을 ______________(이)라고 부른다.
5. 나는 *국내 여행을 좋아해서 시간이 날 때마다 ______________을/를 다닌다.

연습 2 <보기>에서 알맞은 어휘를 골라 홍보글을 완성해 보세요.

보기 먹거리가 풍부하다 / 특색이 있다 / 전통을 보전하다 / 경치가 빼어나다 / 입맛을 사로잡다

바다와 산이 있어 **1.**______________(으)ㄴ 도시, 강릉. 우리 도시의 산과 바다에서 나는 신선한 식재료! 다른 곳에서는 맛볼 수 없는 요리가 여러분의 **2.**______________(으)ㄹ 것입니다.

3.______________고 있는 있는 도시, 경주. 도시 *전체가 박물관! 5000년의 역사를 체험하세요.

4.______________(으)ㄴ 도시, 부산. 앞에는 푸른 바다, 뒤에는 푸른 산! 어디를 봐도 아름다운 경치를 감상할 수 있어요.

다른 도시에서는 볼 수 없는 **5.**______________는 이곳의 매력을 느껴 보세요!

새 어휘 내장산 Mt. Naejangsan　대도시 Large city　국내 Domestic　전체 Whole area

문법 1

V-는 김에

MP3 02

- 한 가지 행동이 이루어질 때(또는 막 이루어졌을 때), 그와 관련된 다른 행동이 동시에 일어남을 나타내요.
  It indicates that when one action is performed(or has just been performed), another related action occurs at the same time.

동사	받침 O	-는 김에	묵다: 묵 + -는 김에 ➞ 묵는 김에
	받침 X		가다: 가 + -는 김에 ➞ 가는 김에

1. 책상을 **닦는 김에** 사무실 청소도 하려고요.
2. 부산에 **묵는 김에** 좋아하는 생선회도 먹어야겠어요.
3. 피자를 **만드는 김에** 샐러드도 만들었으니까 같이 드세요.
4. 중국에 출장을 **온 김에** 중국 여행도 할 거예요.

〈보기〉와 같이 친구의 말을 듣고 부탁이나 대답을 해 보세요.

보기

가: 도서관에 가요.
나: 도서관에 가는 김에 이 책 좀 반납해 주세요.

1. 배가 고파서 라면을 끓일 거예요.

2. 청계천을 구경하러 갈 거예요.
또 어디에 가면 좋아요?

3. 편의점에 좀 가려고 해요.

4. 친구들이 오랜만에 모였네.

연습 1 〈보기〉에서 알맞은 어휘를 골라 대화를 완성해 보세요.

보기 생각나다 가다 찾다 꺼내다 숙제하다 만들다 입다

1. 가: 인터넷으로 뭘 찾고 있어요?

   나: 다음 주에 전주에 가거든요. 그래서 관광지를 ______________ *맛집도 함께 찾고 있어요.

2. 가: 냉장고에서 물을 가져올게요.

   나: 아, 냉장고에서 물을 ______________ 우유도 좀 가져다주세요.

3 가: 오늘 너무 돌아다녔더니 배가 너무 고파.

   나: 지금 비빔밥을 만들고 있어. 내 것을 ______________ 네 것도 만들어 줄게.

4. 가: 어제 할인해서 산 옷을 입고 왔는데 어때요?

   나: 잘 어울려요. 새 옷을 ______________ 사진 한 장 찍어 줄까요?

5. 가: 내일 강원도에 가는 기차표, 잘 챙겼지요?

   나: 아, 잊고 있었어요. 지금 ______________ 챙겨야겠어요.

6. 가: ______________ 내 것도 같이 해 주면 안 돼요?

   나: 안 되죠. 자기 숙제는 *스스로 하세요.

7. 가: 제주도에 친구를 만나러 왔어요.

   나: 지금 제주도예요? 제주도까지 ______________ 제주도 관광도 하고 오세요.

새 어휘 맛집 Popular restaurant 스스로 By oneself

문법 2

V/A-는/(으)ㄴ지

MP3 03

• 뒤의 내용에 대한 이유를 막연하게 추측할 때 사용해요.

It is used when the speaker vaguely guesses the reason for the following situation.

동사	받침 O	-는지	읽다: 읽 + -는지	➡ 읽는지
	받침 X		자다: 자 + -는지	➡ 자는지
형용사	받침 O	-은지	높다: 높 + -은지	➡ 높은지
	받침 X	-ㄴ지	따뜻하다: 따뜻하 + -ㄴ지	➡ 따뜻한지
명사	받침 O	+인지	음식: 음식 + 인지	➡ 음식인지
	받침 X		노래: 노래 + 인지	➡ 노래인지

1. 빈슨 씨가 독서를 **좋아하는지** 집에 책이 많이 있어요.
2. 날씨가 **따뜻한지** 사람들이 얇은 옷을 입고 다녀요.
3. 친구가 잠을 못 **잤는지** 아침부터 아주 졸려 보여요.
4. 오늘 점심은 동료가 싫어하는 **음식인지** 별로 먹지 않았어요.

친구나 선생님의 이름을 쓰고 〈보기〉와 같이 이야기해 보세요.

보기

이름: 김OO 선생님

선생님은 커피를 좋아하시는지 매일 커피를 드세요.

이름	
1.	
2.	
3.	
4.	
5.	

연습 1 〈보기〉에서 알맞은 어휘를 골라 대화를 완성해 보세요.

보기 찾다 유행이다 여행을 가다 싱겁다 무리하다 살다 높다

1. 가: 여행 가방은 누구 거예요?

   나: 빈슨 씨 거예요. 오늘 ________________ 아침에 가지고 왔던데요.

2. 가: 영수 씨는 미국에서 유학했다고 들었어요.

   나: 네. 거기서 오래 ________________ 미국 문화에 대해서 잘 알더라고요.

3. 가: 음식 맛은 괜찮아요?

   나: 네. 그런데 좀 ________________ 소금을 달라고 하는 분도 있었어요.

4. 가: 저 산은 끝까지 올라가려면 얼마나 걸려요?

   나: 산이 ________________ 시간이 꽤 많이 걸린대요.

5. 가: 이 신발을 사려고 하는데 어떤 것 같아요?

   나: 요즘 이런 스타일이 ________________ 길에서 많이 보이더라고요.

6. 가: 왜 못 적고 있어요? 팔이 아파요?

   나: 네, 어제 테니스를 칠 때 ________________ 팔을 움직이기 힘들어요.

7. 가: 마리 씨는 오후에 뭐 한대요?

   나: 요즘 이사할 집을 ________________ 부동산에 가야 한대요.

문법 3

V-아/어지다

MP3 04

• 외부에 의해 어떤 행위가 발생하거나 어떤 상태가 되는 피동을 나타내요.
It expresses a passive meaning in which an action or state occurs due to an external cause.

동사	ㅏ,ㅗ O	-아지다	쏟다: 쏟 + -아지다 ➡ 쏟아지다
	ㅏ,ㅗ X	-어지다	느끼다: 느끼 + -어지다 ➡ 느껴지다
	하다	-해지다	정하다: 정하다 + -해지다 ➡ 정해지다

1. 이 집은 20년 전에 지어졌어요.
2. 도시락에서 어머니의 사랑이 느껴져요.
3. 한글은 세종대왕의 노력으로 만들어졌다.
4. 고기가 다 구워지면 부를 테니까 기다려 주세요.

Tip!

'-아/어 있다'와 결합하여 그러한 상태가 유지됨을 나타내요.
When combined with "-아/어 있다," it indicates that such a state is being maintained.

예 가로등 불이 다 꺼져 있어서 좀 무서웠어요.

다음 그림을 보고 문장을 만들어 보세요.

연습 1 〈보기〉에서 알맞은 어휘를 골라 대화를 완성해 보세요.

보기					
믿다	끊다	쓰다	짓다	느끼다	외우다

1. 가: 어제 자느라 연락을 못 받았어요.

   나: 그런 말을 자주 들으니까 안 ________________. 거짓말 아니에요?

2. 가: 어떤 생일 선물을 받고 싶어요?

   나: 편지요. 편지를 읽으면 그 사람의 마음이 잘 ________________거든요.

3. 가: 이 볼펜 어때요?

   나: 볼펜이 잘 ________________아/어서 오래 써도 팔이 안 아파요.

4. 가: 저 건물은 많이 낡아 보여요. 얼마나 오래됐어요?

   나: 좀 오래됐어요. 30년 전에 ________________.

5. 가: 단어 공부는 끝났어요?

   나: 아니요, 단어가 잘 ________________ 않아서 큰일이네요.

6. 가: 여보세요? 여보세요?

   나: 엘리베이터를 타서 전화가 ________________았/었나 봐요.

연습 2 다음 중 맞는 것을 골라 보세요.

1. 고장이 났는지 불이 잘 안 (켜요, 켜져요).
2. 형은 열심히 노력해서 자신의 꿈을 (이루었어요, 이루어졌어요).
3. 약속 시간이 몇 시예요? 같이 (정해요, 정해져요).
4. 커피는 제가 실수로 (쏟았어요, 쏟아졌어요).
5. 오래 사용했더니 제품명이 (지워져요, 지워졌어요).

말하기

MP3 05

빈 슨: 유리 씨, 고향이 전주라면서요? 제가 이번에 전주에 가거든요. 그래서 인터넷을 검색해 봤는데 전주는 음식이 유명한지 인터넷에 맛집 소개 글이 많더라고요.

이유리: 전주는 먹거리가 아주 풍부한 도시예요. 가장 잘 알려진 건 *콩나물국밥이랑 비빔밥인데 그것 말고도 입맛을 사로잡는 음식들이 많은 곳이에요. 그래서 전국 곳곳에서 관광객이 모여드는 곳이죠. 그런데 전주에는 왜 가요?

빈 슨: 주말에 전주에서 친구 결혼식이 있거든요. 결혼식에 가는 김에 전주를 며칠 구경하면 좋을 것 같아서요.

이유리: 좋은 생각이네요. 전주는 전라북도에 *위치해 있는데 수도권에서 가까워요. KTX로 가면 2시간 반이면 도착해요.

빈 슨: 저에게 추천해 주고 싶은 관광지가 있어요?

이유리: 전주는 한옥 마을이 유명해요, 전통을 잘 보전하고 있는 한옥 마을에 가 보세요. 한국의 전통이 잘 느껴지거든요. 한옥에서 묵어 보는 것도 좋아요.

빈 슨: 그거 정말 특별한 경험이 되겠어요. 한옥에서 자 보는 게 제 오랜 소원이었거든요.

이유리: 전주에 며칠 있는 김에 여러 *안주가 나오는 막걸리 마을에 들러 보세요.

빈 슨: 고마워요. 우선 숙박할 곳을 예약하고 뭘 먹을지 찾아서 목록을 만들어 봐야겠어요.

연습 1 **대화를 듣고 질문에 대답해 보세요.**

1. 빈슨은 왜 전주에 갑니까?

2. 전주의 가장 유명한 음식은 무엇입니까?

3. 서울에서 전주에 가는 방법과 걸리는 시간은 어떻게 됩니까?

4. 이유리는 빈슨에게 어디를 추천했습니까? (2곳)

연습 2 아래 어휘를 사용하여 친구와 대화 연습을 해 보세요.

음식이 유명하다 결혼식에 가다 한국의 전통/잘 느끼다 여러 안주가 나오는 막걸리 마을에 들르다	음식이 맛있다 친구들이 같이 모이다 역사 드라마로 인해 인기/많다 마음에 드는 한복을 빌려 입고 다니다	음식 맛이 뛰어나다 결혼식에 참석하다 한국의 옛모습/머리에 그리다 전주의 *역사적인 장소를 방문하다

연습 3 가보고 싶거나 가 본 적 있는 한국의 명소를 하나 골라 조사한 후 발표해 보세요.

제가 고른 장소는 수원 화성입니다. 화성은 경기도 남부에 위치해 있습니다. 서울에서는 버스로 약 1시간 30분쯤 걸립니다. 제가 수원 화성을 고른 이유는 첫째, 경치가 빼어나기 때문입니다.

……

내가 고른 장소	
위치와 가는 방법	
그곳을 선택한 이유	
그곳의 유명한 음식	
그곳을 방문하면 좋은 *시기	

새 어휘 콩나물국밥 Bean sprout soup with rice　위치하다 To be located　역사적이다 To be historical
안주 Anju(food to go with alcohol)　시기 Period / time

듣기

준비 여러분은 하회 마을이라는 곳을 들어본 적이 있습니까?

연습 1 잘 듣고 맞으면 O, 틀리면 X 표시해 보세요. MP3 06

1. 하회마을의 주변에는 강이 흐른다. O X

2. 하회 마을은 옛날 모습이 남아 있지 않다. O X

3. 하회 마을에는 사람이 살지 않는다. O X

4. 안동 *찜닭은 닭고기와 채소로 만든다. O X

5. 안동 찜닭은 외국인들도 좋아하는 음식이다. O X

연습 2 다시 한 번 잘 듣고 질문에 맞는 답을 해 보세요. MP3 07

1. 하회 마을의 중심에 있는 오래된 나무에는 무엇이 달려 있습니까?

____

2. 하회 마을에서 경험할 수 있는 전통 문화는 무엇입니까? (3개)

____

연습 3 잘 듣고 빈칸을 채워 보세요. MP3 08

1. '하회'는 '강이 돌아 흐른다'는 뜻으로, 낙동강이 마을을 *감싸듯이 ______________

______________________________.

2. 마을 중심에는 ______________________________가 있는데

이 나무에는 소원을 적은 종이가 *가득 달려 있습니다.

3. ______________________ 안동의 유명한 음식도 먹어 봐야겠지요?

4. 맵지 않고 ______________________________ 외국인들도

많이 찾는다고 합니다.

새 어휘 찜닭 Jjimdak(Braised chicken) 감싸다 To wind around 가득 To be full of/be loaded with
경상북도 Gyeongsangbuk-do 탈춤 Talchum(Korean traditional mask dance) 건축 Architecture
귀중하다 To be valuable 어우러지다 To be harmonized

읽기

MP3 09

그린 신문

6월 5일 월요일

최고의 겨울 여행지 '평창'

한국의 동쪽, 강원도에 있는 최고의 겨울 여행지 '평창'을 소개합니다. 평창은 2018년에 겨울 *올림픽이 열리기도 한 유명한 도시입니다. 평창에는 여러 스키장이 지어져 있어 스키를 즐기기에 아주 좋은 곳입니다. 스키를 타면서 하얀 눈 위를 내려오는 사람들, 빼어난 강원도의 겨울 경치를 보면서 깨끗하고 시원한 공기를 마시는 사람들 모두가 평창의 매력에 빠졌는지 참 행복해 보입니다. 여러분도 겨울 스포츠를 즐기시는 동안 일상에서 쌓인 스트레스가 다 풀리실 겁니다.

평창의 겨울에 열리는 *대관령 *눈꽃축제도 가 볼 만합니다. 그곳에서 하얀 눈으로 만든 *조각들도 감상하고 기억에 남을 사진들도 찍어 보세요. 대관령에는 눈썰매장이 있어 어른과 아이들이 모두 눈썰매를 타면서 재미있는 시간을 보낼 수 있습니다.

평창을 방문한 김에 더욱 특별한 경험을 하고 싶으시다면 *송어 축제를 추천합니다. 송어는 생선의 이름인데 겨울에 맛이 좋습니다. 언 강에 작은 *구멍을 *뚫고 그 안으로 *낚싯대를 던져 송어를 잡는데 물고기가 잡힐 때 낚싯대를 잡은 손까지 전해지는 느낌은 잊기 힘들 것입니다. 잡은 송어는 그곳에서 회나 구이로 요리해 주니까 낚시도 하고 맛있는 음식도 먹을 수 있는 *일석이조의 체험이라고 할 수 있을 것입니다.

이번 겨울, 가족과 친구, 연인과 특별한 추억을 만들고 싶으시다면 평창으로 떠나보는 건 어떨까요?

-권지민 기자

새 어휘 올림픽 The Olympics 대관령 Daegwallyeong 눈꽃축제 Snow Festival 조각 Sculpture 송어 Trout 구멍 Hole 뚫다 To make a hole / to pierce 낚싯대 Fishing rod 일석이조 To kill two birds with one stone

연습 1 글을 읽고 질문에 대답해 보세요.

1. 다음에서 할 수 있는 것을 써 보세요.

스키장	
대관령 눈꽃축제	
송어축제	

2. 송어 축제에서는 어떤 방법으로 송어를 잡습니까?

① 

② 

③ 

여러분이 평창으로 여행을 간다면 누구와 가고 싶습니까? 또 무엇을 해 보고 싶습니까?

쓰기

여러분이 가 봤거나 꼭 가 보고 싶은 유명한 여행지를 골라 써 보세요.

※185P에 에 '–(느)ㄴ다'를 사용하여 300~400자의 글로 완성해 보세요.

1. 그곳은 어디이며 어디에 위치하고 있습니까? 그곳까지 어떻게 갈 수 있습니까?
2. 그곳에서 할 수 있는 특별한 경험은 무엇입니까?
3. 그곳은 언제, 누구와 방문하면 좋습니까? 그 이유는 무엇입니까?

2과 입구가 계단인 탓에 휠체어로는 들어갈 수가 없어요.

일상 생활에서 어떤 문제가 있어요? 그것을 해결해 본 적이 있어요? 이야기해 보세요.

어휘와 표현	문제와 해결
문법	V/A-는/(으)ㄴ 탓에
	V-고 말다
	V-(으)ㄹ까 말까 하다
말하기	학교에 몸이 불편한 학생들을 위한 시설이나 서비스가 또 있어?
듣기	어떤 문제가 생기면 외국인 종합 안내센터에 도움을 요청해요.
읽기	저는 제 성격 때문에 고민이 많습니다.
쓰기	다음 문제에 대처할 방법을 제시해 보세요.
한국어 더하기	속담 ③

문제와 해결 Problem and solution

MP3 10

어려움을 겪다
To experience difficulties

갈등이 생기다
To have a conflict

반대에 부딪히다
To face opposition

문제에 대처하다
To deal with a problem

서비스를 지원하다
To support a service

항의하다
To complain

입장이 다르다
To have a different stance

편의를 제공하다
To provide convenience

문제를 다루다
To handle a problem

해결책을 제시하다
To suggest a solution

마련하다
To prepare

실행하다
To execute

친구와 입장이 다를 때 어떻게 문제를 해결하는 편입니까?

회사에서 직원들에게 편의를 제공하기 위해 마련해 놓은 시설은 어떤 것이 있습니까?

연습 1 〈보기〉에서 알맞은 어휘를 골라 빈칸을 채워 보세요.

보기

어려움을 겪다	반대에 부딪히다	해결책을 제시하다
입장이 다르다	문제를 다루다	실행하다

1. 몸이 안 좋아서 일을 계획대로 ______________________기가 어렵다.

2. 그렇게 불평만 하지 말고 어떻게 하면 좋을지 ______________________아/어 보세요.

3. 처음 한국에 왔을 때는 한국어가 서툴러서 일상생활에 ______________________.

4. 가: 사장님에게 월급을 올려 달라고 말씀드렸는데 곤란하시대.

나: 월급을 주는 사람과 받는 사람의 ______________________(으)니까 그렇겠지.

5. 가: 그 사람과 결혼하기로 한 거예요?

나: 저는 그러고 싶은데 부모님의 ______________________.

나이 차이가 너무 많이 나서 안 된다고 하세요.

6. 가: 환경 오염 ______________________(으)ㄴ 텔레비전 프로그램 봤어요?

나: 네. 환경 오염 문제가 정말 심각하더라고요.

연습 2 〈보기〉에서 알맞은 어휘를 골라 글을 완성해 보세요.

보기

편의를 제공하다	마련하다	대처하다
서비스를 지원하다	갈등이 생기다	항의하다

오늘은 요즘 크게 *성장하고 있는 GR 회사에 대해 알아보겠습니다. 이곳은 편안하고 자유로운 분위기로 유명한데요. 직원들 사이에 **1.**______________(으)면 직급에 상관 없이 대화로 해결한다고 합니다. 또한 24시간 상담 서비스, 방문 서비스와 같이 고객에게 편리한 **2.**______________고 있습니다. 이처럼 고객 서비스에 신경을 많이 쓰기 때문에 고객들이 어떤 문제에 대해 회사에 **3.**______________(으)ㄹ 때 빠르게 그 문제에 **4.**______________(으)ㄹ 수 있습니다. 또한 이곳에서는 직원들에게 **5.**______________기 위해 회사 내에 식당과 체육관, 기숙사를 **6.**______________아/어 놓아 직원들에게 좋은 반응을 얻고 있습니다. 이처럼 직원과 고객들을 위해 노력하고 있는 만큼 GR 회사의 미래도 기대가 됩니다.

새 어휘 성장하다 To grow

문법 1

V/A-는/(으)ㄴ 탓에

MP3 11

• 부정적인 결과에 대한 원인을 나타내요.
It shows the cause of a negative result.

동사	받침 O	–는 탓에	먹다: 먹 + –는 탓에 → 먹는 탓에
	받침 X		다니다: 다니 + –는 탓에 → 다니는 탓에
형용사	받침 O	–은 탓에	많다: 많 + –은 탓에 → 많은 탓에
	받침 X	–ㄴ 탓에	바쁘다: 바쁘 + –ㄴ 탓에 → 바쁜 탓에

1. 평소 단 것을 많이 **먹는 탓에** 건강이 안 좋아졌대요.
2. 요즘 일이 많아서 **야근을 하는 탓에** 쉴 시간이 없어요.
3. 숙제가 너무 **어려운 탓에** 다 하지 못했어요.
4. 어제 오래 **걸은 탓에** 오늘 다리가 많이 아파요.

Tip!
'N 탓에' 형태로도 사용돼요.
It can also appear in the form "N 탓에 (because of N)."
예 층간 소음 탓에 잠을 잘 못 잤어요.
소풍을 가지 못한 건 날씨 탓이에요.

다음 그림을 보고 문장을 만들어 보세요.

연습 1 배운 문법을 사용하여 대화를 완성해 보세요.

1. 가: 오늘 집들이에 친구들이 많이 와요?

   나: 아니요, 집이 너무 ______________________ 친구들이 많이 올 수 없어요.

2. 가: 오늘 유리 씨는 모임에 안 나온대요?

   나: 네, 아이가 감기에 ______________________ 못 나온대요. 아이를 병원에 데리고 가야 하나 봐요.

3. 가: 날씨가 더운데 언제 조깅해요?

   나: 여름이라서 낮에는 너무 ______________________ 이른 아침이나 저녁에 해요.

4. 가: 벌써 회사에 가요?

   나: 네, 집이 회사에서 ______________________ 아침 일찍 집에서 나와야 해요. 좀 가까운 데로 이사할까 봐요.

5. 가: 용돈을 많이 받는 것 같은데 부족하다고요?

   나: 저는 가게에서 마음에 드는 물건이 보일 때마다 ______________________ 항상 용돈이 부족해요.

6. 가: 오늘도 실수를 해서 부장님께 혼이 났다고? 좀 주의하지.

   나: 내가 혼이 난 건 중요한 내용을 ______________________인 것 같아. 앞으로 중요한 내용은 여러 번 확인해야겠어.

7. 가: 이 책 읽었지요? 재미있었어요?

   나: 저도 잘 몰라요. 내용이 ______________________ 읽다가 말았거든요.

8. 가: 아, 이 영화 너무 재미없다. *괜히 봤어.

   나: 이게 다 ______________________. 네가 이 영화 보자고 했잖아.

새 어휘 괜히 Vainly

문법 2

V-고 말다

MP3 12

① 의도하지 않았지만 결국 그렇게 되었다는 상황을 나타낼 때 사용해요.
It is used to describe an unplanned situation that eventually happens.

② ('V-고 말겠다'의 형태로) 말하는 사람이 어떤 일을 이루겠다는 강력한 의지를 나타낼 때 사용해요.
In the form "V-고 말겠다," it shows the speaker's strong determination to achieve something.

동사	받침 O	-고 말다	읽다: 읽 + -고 말다 → 읽고 말다
	받침 X		지각하다: 지각하 + -고 말다 → 지각하고 말다

1. 늦게 일어나서 **지각하고 말았어요.**
2. 우리 팀은 최선을 다했지만 결국 **지고 말았어요.**
3. 친구의 비밀을 실수로 다른 사람에게 **말하고 말았어요.**
4. 열심히 공부해서 좋은 대학교에 **들어가고 말겠어요.**

Tip!
'-아/어 버리고 말다'의 형태로도 사용해요.
It can also be used in the form "-아/어 버리고 말다."
예 나무가 쓰러져 버리고 말았어요.

여러분이 올해 이루고자 하는 일을 〈보기〉와 같이 말해 보세요.

보기 저는 올해 꼭 토픽 3급에 합격하고 말겠어요.

1. ______________________

2. ______________________

3. ______________________

연습 1 **배운 문법을 사용하여 대화를 완성해 보세요.**

1. 가: 얼굴이 좀 부었네요. 밤에 뭘 먹었어요?

나: 야식은 안 먹으려고 하는데 어젯밤에 배가 너무 고파서 라면을 ______________________.

2. 가: 시험 준비는 많이 했니?

나: 아니. 공부하다가 책상에서 잠이 ______________________. 깨어 보니까 아침이더라.

3. 가: 두 사람이 요즘 안 만나는 것 같던데 무슨 일 있어요?

나: 요즘 자주 싸우더니 ______________________았/었대요.

4. 가: 그 산은 올라가기 힘들다고 들었는데 괜찮겠어요?

나: 이번에는 꼭 산꼭대기까지 ______________________겠어요.

5. 가: 유학을 가고 싶다고? 부모님께 허락은 받았어?

나: 아니. 말씀드렸는데 어머니의 반대에 ______________________.
어떻게 어머니의 생각을 바꿀 수 있을까?

6. 가: 아침마다 일찍 일어나서 조깅을 한다고 들었어요. 대단하네요.

나: 열심히 운동해서 전처럼 건강한 몸이 ______________________겠어요.

7. 가: 고향 음식을 만들었다고요? 기대되는데요.

나: 미안해요. 냄비를 들고 오다가 넘어져서 바닥에 음식을 ______________________.
다시 만들어 줄게요.

8. 가: 날씨가 추워서 베란다에 화분을 두면 곧 ______________________(으)ㄹ 거예요.
겨울에는 집 안에 놓고 키우세요.

나: 그래야겠네요.

V-(으)ㄹ까 말까 하다

MP3 13

• 말하는 사람이 어떤 행위를 하는 것에 대해 망설이는 것을 나타내요.
It indicates hesitation about performing an action.

동사	받침 O	-을까 말까 하다	먹다: 먹 + -을까 말까 하다 → 먹을까 말까 하다
	받침 X	-ㄹ까 말까 하다	마시다: 마시 + -ㄹ까 말까 하다 → 마실까 말까 하다

1. 배가 별로 고프지 않아서 점심을 **먹을까 말까** 하고 있어요.
2. 오늘 저녁 회식 때 술을 **마실까 말까** 생각 중이에요.
3. 일이 힘들어서 회사를 **그만둘까 말까** 많이 고민했어요.
4. 친구에게 목도리를 **만들어 줄까 말까** 하다가 만들어 줬어요.

Tip!
뒤에 '고민하다, 생각하다, *망설이다'와 같은 동사와 사용할 수 있어요.
It can be used with verbs such as "고민하다 (to worry), 생각하다 (to think), 망설이다 (to hesitate)."
예 제 비밀을 친구에게 말할까 말까 망설였어요.

여러분이 망설였던 일은 뭐예요? 결국 어떻게 했어요? 〈보기〉와 같이 이야기해 보세요.

보기
저는 외국에 사는 게 처음이라서 한국에 올까 말까 고민하다가 작년에 한국에 왔어요.

1. ______________________________

2. ______________________________

3. ______________________________

연습 1 배운 문법을 사용하여 대화를 완성해 보세요.

1. 가: 내일 파티에 올 거지요?

   나: 다른 일이 많아서 ______________________고 있어요. 내일까지는 말해 줄게요.

2. 가: 새로 산 신발을 신는 게 어때요?

   나: 이 신발이 좀 불편해서 ______________________는 중이에요.

3. 가: 춤을 배우기로 했어요?

   나: 제가 춤을 춰본 경험이 없어서 ______________________고 있어요.

4. 가: 이번에도 부모님의 생신 케이크를 직접 만들 거야?

   나: 요즘 바빠서 케이크를 ______________________는 중이야.

5. 가: 이 음식이 너무 짜서 ______________________고 있어요.

   나: 짠 건 건강에도 안 좋으니까 그냥 버려요.

6. 가: 다친 것을 부모님이 아세요?

   나: 부모님께 ______________________다가 걱정하실까 봐 안 알렸어요.

7. 가: 이번 명절에 한복을 입을 거예요?

   나: 불편할 것 같기도 해서 ______________________다가 가족들이 모두 한복을 입기로 했어요.

8. 가: 엄마는 아빠가 프러포즈했을 때 바로 좋다고 했어요?

   나: 아니, 처음엔 결혼을 ______________________. 그러다가 네 아빠의 성실한 모습에 반해서 결국 결혼하기로 했어.

새 어휘 망설이다 To hesitate

말하기

MP3 14

유코: 오다가 보니까 1층에 *공사를 하더라. 무슨 공사를 하는 거야?

빈슨: 아, 이 건물은 입구가 계단으로만 되어 있는 탓에 *휠체어로는 다닐 수 없잖아. 그래서 휠체어로 다닐 길을 만든대. 그동안 비용 문제로 공사를 할까 말까 고민하고 있었는데 한 학생이 항의해서 하게 됐대.

유코: 아, 그렇구나. 우리 학교에 몸이 불편한 학생들을 위한 시설이나 서비스가 또 있어?

빈슨: 일단 *장애인 주차 공간이 마련돼 있고 장애인 화장실도 있어. 몇 년 전부터 수업을 듣는 데 어려움을 겪지 않도록 수업 *보조 서비스도 지원한다고 들었어.

유코: 그렇구나. 아, 그런데 엘리베이터가 없는 건물도 있지 않아?

빈슨: 있지. 그러면 걷기 힘든 친구들은 수업 듣는 것을 포기하게 되고 말 거야.

유코: 사실 나는 그런 문제에 대해 생각해 본 적이 없거든. 그런데 내가 휠체어를 타는 사람의 입장이 되어 생각해 보니까 불편한 게 한두 개가 아닌 것 같아. 식당도, 도서관도, 강의실도 모두 휠체어로 이용하기에는 불편할 것 같은데.

빈슨: 그렇지. 우리도 관심을 가지고 하나씩 문제에 대처할 방법을 찾아서 실행해 보면 좋을 것 같아.

연습 1 **대화를 듣고 질문에 대답해 보세요.**

1. 1층에 무슨 공사를 하고 있습니까?

2. 몸이 불편한 학생들을 위한 시설에는 무엇이 있습니까? (2개)

3. '수업 보조 서비스'를 지원하는 이유는 무엇입니까?

4. 빈슨은 학교 건물에 엘리베이터가 없으면 어떤 결과가 있을 거라고 합니까?

연습 2 아래 어휘를 사용하여 친구와 대화 연습을 해 보세요.

입구가 계단으로만 되어 있다 공사를 하다/고민하다 어려움을 겪지 않다 수업 듣는 것을 포기하게 되다	옛날에 지어졌다 계단을 *없애다/망설이다 문제가 없다 혼자 외출하는 것을 싫어하게 되다	입구로 들어오는 길이 좁다 길을 만들다/생각하다 도움을 받을 수 있다 수업을 듣는 것이 힘들어지다

연습 3 몸이 불편한 사람들을 위해 어떤 편의 시설이나 서비스가 생기면 좋을지 친구와 같이 이야기해 보고 이야기한 내용을 발표해 보세요.

저는 버스를 타고 내릴 때 도와주는 보조 서비스가 있으면 좋겠다고 생각합니다. 눈이 잘 보이지 않거나 휠체어를 타는 사람들은 버스를 타고 내릴 때 어려움을 많이 겪는 탓에 시간도 많이 걸립니다. 이런 문제로 버스를 탈까 말까 망설이다가 포기하고 마는 사람들도 있을 것입니다. 그러므로 버스를 타고 내리는 데 도움을 주는 도우미가 있다면 장애가 있는 사람들도 안전하고 빠르게 타고 내릴 수 있고 다른 사람들도 버스를 이용하는 데 시간을 절약할 수 있을 것 같습니다.

편의 시설이 필요한 장소

장애인들에게 필요한 편의 시설이나 서비스

그런 서비스가 필요하다고 생각하는 이유

새 어휘 공사를 하다 To renovate(construction) 휠체어 Wheelchair 장애인 Person with disabilities 보조 Assistant 없애다 To remove

듣기

준비 한국에서 외국인이 어떻게 도움을 받을 수 있습니까?

연습 1 잘 듣고 맞으면 O, 틀리면 X 표시해 보세요. MP3 15

1. 여자는 의사 선생님이 무서워서 병원에 갈까 말까 했다. O X

2. 여자는 친구 덕분에 *외국인 종합 안내센터를 알게 됐다. O X

3. 외국인 종합 안내센터는 한국어를 잘 몰라도 이용하기가 불편하지 않다. O X

4. 외국인 종합 안내센터는 쉬는 날이 없이 언제든지 상담이 가능하다. O X

5. 외국인 종합 안내센터에서는 통역 서비스만 지원한다. O X

연습 2 다시 한 번 듣고 질문에 맞는 답을 해 보세요. MP3 16

1. 외국인 종합 안내센터의 전화번호는 몇 번입니까?

____

2. 외국인 종합 안내센터는 저녁 6시 이후에 어떤 외국어 상담 서비스가 가능합니까?

____

연습 3 잘 듣고 빈칸을 채워 보세요. MP3 17

1. 한번은 두통이 심했는데도 ______________________________ 적이 있어요.

2. ______________________________ 병원에 가기가 무서웠거든요.

3. 그 후로도 한국에서 살면서 ______________________________ 외국인 종합 안내센터에 도움을 요청해요.

4. 이런 서비스가 있는 걸 모르고 한국어가 *서툰 탓에 문제의 ______________ ______________________________ 사람들도 있는데 안타까워요.

새 어휘 외국인 종합 안내센터 Foreigners' information center　서툴다 To struggle with　비자 Visa　법률 Law

MP3 18

무슨 고민이든 이야기해 보세요.

익명 게시판

안녕하세요? 저는 제 성격 때문에 고민이 많습니다. 저도 *사교적인 사람이 되어 많은 친구들을 사귀고 싶고 친구들을 재미있게 하는 말도 하고 싶습니다. 그러나 내성적이고 *낯을 가리는 성격 때문에 사람들에게 먼저 말을 걸지 못해 학교에서도 친한 친구들이 많지 않습니다. 이런 성격으로 앞으로 회사 생활을 잘할 수 있을지 너무 걱정이 됩니다.

답변

안녕하세요? 내성적인 성격 때문에 고민을 하시는군요. 그런데 무리해서 재미있는 말을 찾으려고 하거나 사람들과 어울려야 한다고 생각하면 오히려 스트레스를 받고 자신감이 떨어집니다. ㉠ 내성적인 성격의 사람들은 다음의 장점을 가지고 있습니다. ㉡ *그러므로 그런 자신의 성격을 *받아들이고 조금씩 대화하는 연습을 해 나가는 것이 좋겠습니다. ㉢ 우선 적은 수의 사람들이 모이는 모임에 참석해서 대화에 참여하는 연습을 해 보세요. 이때 내가 관심이 있는 주제에 관해서 편안하게 대화하세요. ㉣ 내성적인 성격은 사람들과 다양한 *관계를 맺기보다 깊게 관계를 맺는 편이므로 나와 마음이 맞는 사람들과 깊은 *우정을 나누면서 의미 있는 시간을 보내는 데에서 행복을 찾으시는 것이 좋을 것 같습니다.

새 어휘
사교적이다 To be sociable　낯을 가리다 To be shy with strangers　받아들이다 To accept
관계를 맺다 To build a relationship　우정을 나누다 To share friendship　신중하다 To be careful

연습 1 **글을 읽고 질문에 대답해 보세요.**

1. 다음의 문장이 들어가기 알맞은 곳을 고르십시오.

> 내성적인 성격의 사람은 생각이 깊고 다른 사람의 말을 잘 들어주기 때문에 문제에 *신중하게 대처합니다.

① ㉠ ② ㉡ ③ ㉢ ④ ㉣

2. 이 글을 읽고 상담자가 할 수 있는 행동으로 맞는 것을 고르십시오.

① 다양한 종류의 사람들을 만나본다.

② 항상 재미있는 말을 찾아서 하려고 노력한다.

③ 가능하면 많은 사람이 모이는 모임에 참석한다.

④ 나와 마음이 잘 맞는 사람들과 시간을 자주 보낸다.

내성적인 성격의 사람이 새로운 친구를 쉽게 사귈 수 있는 방법을 이야기해 보세요.

쓰기

다음의 두 문제 중 하나를 골라 대처할 방법을 제시해 보세요.

※186P에 '-(스)ㅂ니다'를 사용하여 300~400자의 글로 완성해 보세요.

문제 1

저는 대학교에 가면 집을 구해서 혼자 살고 싶은데 부모님의 반대에 부딪혔습니다. 부모님은 아직은 제가 어려서 혼자 사는 것이 위험하고 돈이 많이 들어서 안 된다고 하십니다. 저는 어떻게 하면 좋을까요?

문제 2

저는 신입 사원이라서 아직 일을 하는데 시간이 걸립니다. 저는 제가 맡은 일을 끝까지 제 힘으로 하고 싶은데 저의 상사는 자신이 도와주겠다면서 제가 맡은 일을 다 해 버려서 갈등이 생깁니다. 저는 어떻게 하면 좋을까요?

한국어 더하기 속담 ③

MP3 19

산 넘어 산이다

소 귀에 경 읽기다

식은 죽 먹기다

티끌 모아 태산이다

종로에서 뺨 맞고 한강에 가서 화풀이한다

호랑이도 제 말하면 온다

연습 1 다음 속담과 어울리는 의미를 찾아 연결해 보세요.

1. 산 넘어 산이다.
2. 소 귀에 경 읽기다.
3. 식은 죽 먹기다.
4. 티끌 모아 태산이다.
5. 호랑이도 제 말하면 온다.
6. 종로에서 뺨 맞고 한강에 가서 화풀이한다.

a. 아주 쉬운 일이다.
b. 다른 사람의 이야기를 하는데 그 사람이 우연히 나타났을 때 사용한다.
c. 갈수록 상황이 더욱 어려워진다.
d. 화가 난 곳에서는 아무 말 못하고 뒤에서 불평하고 화를 낸다.
e. 아무리 가르쳐도 알아듣지 못한다.
f. 아무리 작은 것도 계속 모으면 큰 것이 된다.

연습 2 빈칸에 알맞은 속담을 넣어 대화를 완성해 보세요.

1. 가: 하루에 천 원씩 모아서 언제 자전거를 사니?
   나: ______________________(이)라고 했어. 매일 천원이면 1년에 36만 원을 넘게 모을 수 있어.
2. 가: 중간시험 다 끝났다!!
   나: 좋아하지 마. ______________________(이)라더니 주말에는 토픽 시험이 있어.
3. 가: 아, 나 진수 때문에 짜증 나. 밥 안 먹어.
   나: 넌 왜 ______________________니? 나한테 그러지 말고 진수한테 말해.
4. 가: 아빠가 이 수학 문제를 풀 수 있을까?
   나: 그럼. 아빠가 수학을 전공했는데 이 정도는 ______________________지.
5. 가: 아, 어제 김 부장님 때문에 나만 고생했어.
   나: 조용히 해. ______________________(느)ㄴ다더니 저기 김 부장님 오셔.
6. 가: 유리 씨가 또 실수를 했는데 제가 다시 가르쳐 줘야겠어요.
   나: 소용없어요. 제가 열 번은 가르쳐 줬는데 ______________________.

배운 속담 중 하나를 골라 대화를 만들어 보세요.

3과

인터넷 사용의 필요성을 느낀 사람들이 PC방을 찾기 시작했대.

한국에서 처음 본 재미있는 물건이 있어요?
이야기해 보세요.

어휘와 표현	일상 속 발명
문법	V/A-냐에 따라
	V-(으)ㄹ 뻔하다
	N에 비해(서)
말하기	내가 지금 마시는 믹스커피도 한국에서 발명된 거야.
듣기	김치냉장고의 발명으로 김치를 더 신선하게 보관할 수 있게 되었습니다.
읽기	한국을 대표하는 발명 중 하나는 「직지심체요절」입니다.
쓰기	우리 생활의 질을 향상시킨 발명을 하나 골라서 소개해 보세요.

어휘와 표현

일상 속 발명 Inventions in daily life

MP3 20

발명하다
To invent

발견하다
To discover

필요성을 느끼다
To feel the need

생활의 질이 향상되다
To improve the quality of life

개발에 힘쓰다
To devote efforts to development

결과를 낳다
To bring about results

손쉽다
To be easy to use

개선하다
To improve

가능하다 ↔ 불가능하다
To be possible ↔ To be impossible

좋은 반응을 얻다
To receive a positive response

- 손쉽게 할 수 있는 요리는 무엇이 있습니까?
- 지금의 과학 기술로 가능해진 것과 아직 불가능한 것의 예를 들어 보세요.
- 여러분이 살고 있는 곳에서 개선하고 싶은 부분은 무엇입니까?

연습 1 〈보기〉에서 알맞은 어휘를 골라 문장을 완성해 보세요.

보기

발명하다 　 발견하다 　 개발에 힘쓰다 　 결과를 낳다 　 손쉽다

1. 세종대왕은 글이 없어 불편해하는 백성들을 위해 한글을 새롭게 ____________________(으)셨다.
2. 세탁기가 생긴 후로 전보다 ____________________게 빨래를 할 수 있게 되어 주부들의 수고가 줄었다.
3. 매일 마시는 술은 건강이 나빠지는 ____________________(으)ㄹ 수 있다.
4. 콜럼버스는 *유럽 사람들이 그때까지 가보지 못했던 아메리카 대륙을 처음 ____________________(으)ㄴ 사람이다.
5. 우리 도시는 공장과 공항을 짓고 일자리를 늘리는 등 경제 ____________________고 있다.

연습 2 〈보기〉에서 알맞은 어휘를 골라 글을 완성해 보세요.

보기

좋은 반응을 얻다 　 개선하다 　 생활의 질이 향상되다

필요성을 느끼다 　 가능하다

지난주에 오랜만에 고향에 다녀왔다. 우리 고향은 예전엔 교통이 불편했는데 *도로를 많이 **1.**____________________(으)면서 편리해졌다. 도시가 발전하면서 사람과 차가 증가하게 되고 이동이 불편해진 사람들이 길을 더 많이 지어야 할 **2.**____________________게 되어서 도로 공사를 하게 되었다고 한다. 그 결과 전에는 서울까지 갈 때 시간이 오래 걸렸지만 이제 짧은 시간에 서울까지 가는 것이 **3.**____________________아/어졌을 뿐만 아니라 여행하기 쉬워지고 물건의 배송도 빨라지는 등 주민들의 **4.**____________________다고 한다. 도로 공사 후에 소음이나 사고가 증가했다고 불평하는 사람도 있으나 위와 같은 좋은 점이 있어 이번 도로 공사는 대부분의 주민에게 **5.**____________________고 있다고 한다.

새 어휘 유럽 Europe 　 도로 Road

문법 1

V/A-냐에 따라

MP3 21

• 어떤 상황이나 기준에 기대어 어떤 행위를 함을 나타낼 때 사용해요.
It expresses doing something based on or according to a situation or standard.

동사 형용사	받침 O	–냐에 따라	먹다: 먹 + –냐에 따라 → 먹냐에 따라
	받침 X		보다: 보 + –냐에 따라 → 보냐에 따라

1. 음식은 재료를 어떻게 요리해서 **먹냐에 따라** 맛이 달라요.
2. 물건은 품질이 **어떠냐에 따라** 값에 차이가 있어요.
3. 비행기를 타는 날이 무슨 **요일이냐에 따라** 가격이 달라져요.
4. 시험을 얼마나 잘 **봤냐에 따라** 합격이 결정됩니다.

Tip!

1. 의문사가 없는 일반 명사와 사용할 경우 'N+에 따라'의 형태로 사용돼요.
   When used with a general noun (without a question word), it takes the form "N+에 따라."
   예 날씨에 따라 옷차림이 달라져요.
2. 'V–느냐에 따라, A–(으)냐에 따라' 형태로도 사용해요.
   It can also take the forms "V–느냐에 따라, A–(으)냐에 따라."
   예 무엇을 먹느냐에 따라 건강이 달라진다.
   품질이 얼마나 좋으냐에 따라 가격이 결정된다.

다음은 무엇에 따라 달라지는지 〈보기〉와 같이 이야기해 보세요.

보기

성적 — 얼마나 열심히 공부했냐에 따라 성적이 달라져요.

1. 하는 일 **2.** 집의 가격

3. 입는 옷 **4.** 주는 선물

연습 1 배운 문법을 사용하여 대화를 완성해 보세요.

1. 가: 이 공원에는 무슨 꽃이 많이 피어요?

   나: 그건 무슨 ______________________ 다르죠. 봄에는 벚꽃이 예쁘게 피고 여름에는 장미가 많이 피어요.

2. 가: 엄마와 같은 재료, 같은 방법으로 만들었는데 음식 맛이 왜 다를까?

   나: 재료가 같아도 누가 ______________________ 맛에 차이가 있지.

3. 가: 파티에 음식을 얼마나 준비해야 할까요?

   나: 그건 손님이 얼마나 ______________________ 결정되니까 제가 손님 수를 알아볼게요.

4. 가: 여행 비용은 얼마나 드나요?

   나: 여행 비용은 ______________________ 달라요. 호텔에서 자면 비용이 올라가고 게스트하우스는 좀 저렴하고요.

5. 가: 김치도 ______________________ 맛이 다르더라고요.

   나: 그럼요. 북부 지역은 *담백한 반면에 남부 지방은 짜고 맛이 강해요.

6. 가: 친구가 아픈데 어느 병원으로 가야 해요?

   나: ______________________ 다르죠. 이가 아프면 치과, 귀가 아프면 *이비인후과로 가세요.

7. 가: 대학교 선배에게는 모두 선배님이라고 부르나요?

   나: 그 선배하고 ______________________ 다른 것 같아요. 친한 선배에게는 언니, 오빠라고도 많이 불러요.

8. 가: 비행기표를 예매하려는데 차이가 많이 나더라고요.

   나: 그럼요. ______________________ 가격이 크게 달라져요.

새 어휘 담백하다 To be light in flavor 이비인후과 ENT Clinic/Otolaryngology

문법 2

V-(으)ㄹ 뻔하다

MP3 22

• 앞 내용이 일어나지는 않지만 일어나기 직전까지 갔음을 나타내요. 부정적인 내용과 함께 사용해요.
It expresses that something almost happened but did not actually occur. It is used with negative content.

동사	받침 O	-을 뻔하다	먹다: 먹 + -을 뻔하다 → 먹을 뻔하다
	받침 X	-ㄹ 뻔하다	다치다: 다치 + -ㄹ 뻔하다 → 다칠 뻔하다

1. 식당에 늦게 가서 저녁을 못 **먹을 뻔했어요**.
2. 주말에 친구하고 축구를 하다가 **다칠 뻔했어요**.
3. 친구의 이야기가 너무 슬퍼서 **울 뻔했다**.
4. 친구가 자꾸 물어봐서 비밀을 **말할 뻔했어요**.

Tip!

1. 과거형으로만 사용해요.
   It is used only in the past tense.
   예 자다가 버스에서 못 내릴 뻔했어요.
2. 어떤 일을 과장해서 표현할 때 'A/V-아/어서 죽을 뻔했다'의 형태로 사용할 수 있어요.
   To exaggerate, it can take the form "A/V-아/어서 죽을 뻔했다" (almost died because A/V).
   예 이사하느라 힘들어서 죽을 뻔했다.
3. 어떤 일이 일어날 뻔했지만 어떤 행동 덕분에 일어나지 않았을 때 'V/A-았/었으면 V-(으)ㄹ 뻔했다'의 형태로 사용할 수 있어요.
   When something almost happened but didn't because of some action, it can appear as "V/A-았/었으면 V-(으)ㄹ 뻔했다."
   예 친구가 깨워 줘서 겨우 늦지 않았어요.
   ➡ 친구가 깨워 주지 않았으면 늦을 뻔했어요.

친구와 이야기해 보세요.

1. 친구와 싸울 뻔한 적이 있어요? 왜 그랬어요?
2. 다칠 뻔한 적이 있어요? 무엇을 하다가 어디를 다칠 뻔했어요?
3. 수업에 늦을 뻔한 적이 있어요? 왜 그랬어요?
4. 필요가 없는 물건을 살 뻔한 적이 있어요? 어떤 물건이었어요?

연습 1 〈보기〉에서 알맞은 어휘를 골라 대화를 완성해 보세요.

보기
못 보다　먹다　사고가 나다　잊어버리다　듣다　태우다　못 만들다

1. 가: 유리 씨, 오늘 저녁에 모임 있는 거 알고 있지요?

   나: 맞다. 말해 주지 않았으면 ______________________. 고마워요.

2. 가: 휴대폰을 보면서 걷다가 자동차를 못 봐서 ______________________.

   나: 자동차에 안 부딪혀서 다행이네요. 앞으로는 주의하세요.

3. 가: 어제 영화 잘 봤어요?

   나: 네, 자리가 다 찼어요. 미리 예매 안 했으면 영화를 ______________________.

4. 가: 이 케이크는 먹지 마세요. 친구 선물로 줄 거예요.

   나: 아, 그래요? 말해 줘서 고마워요. 케이크를 ______________________거든요.

5. 가: 오늘 전화하다가 가스불 끄는 걸 깜빡해서 음식을 다 ______________________.

   나: 그랬어요? 다음에는 조심하세요.

6. 가: 김치를 처음 만들어 보니까 어땠어요?

   나: 어려워서 ______________________는데 한국 친구가 도와줬어요.

7. 가: 우리의 비밀 이야기를 선배가 다 ______________________다고?

   나: 그래. 선배도 우리랑 같은 커피숍에 있었대. 다행히 선배가 다른 걸 하느라고 못 들었나 봐.

문법 3

N에 비해(서)

MP3 23

• 비교의 대상 또는 기준을 나타내는 표현이에요.
It indicates a comparison or a standard.

명사	받침 O	+에 비해(서)	서울: 서울 + 에 비해(서) ➡ 서울에 비해(서)
	받침 X		업무: 업무 + 에 비해(서) ➡ 업무에 비해(서)

1. 부산은 **서울에 비해서** 따뜻한 편이에요.
2. 올해 여름은 **작년에 비해** 더 더울 것으로 예상됩니다.
3. 일이 너무 많은데 제가 하는 **업무에 비해서** 월급이 적어요.
4. 마흔 두살이시라고요? **나이에 비해** 어려 보이세요.

Tip!

1. 큰 차이 없이 'N에 비해', 'N에 비하여', 'N에 비하면' 형태로 바꾸어 사용할 수 있어요.
It can be replaced with "N에 비해," "N에 비하여," or "N에 비하면" without much difference.

2.

N에 비하여	N보다
둘을 비교하여 설명할 때 사용해요. It is used to explain by comparing two things.	
비교 대상뿐 아니라 비교 기준도 나타내요. It indicates not only the comparison target but also the standard of comparison. 예 제 노력에 비하여 시험 성적이 안 좋아요. (O)	비교 대상만 나타내요. It indicates only the comparison target. 예 제 노력보다 시험 성적이 안 좋아요. (X)

다음의 두 가지를 비교하여 〈보기〉와 같이 이야기해 보세요.

보기 한국/고향 — 한국은 제 고향에 비해 따뜻해요.

1. 지난달/이번 달
2. 지하철/버스
3. 시골/도시
4. 나/내 친구

연습 1 〈보기〉에서 알맞은 어휘를 골라 대화를 완성해 보세요.

보기 공부하는 시간　월세 가격　크기　작년　먹는 양　실력　나이

1. 가: 쇼핑을 많이 했네요.

   나: 네, 1년 만에 한국에 왔잖아요. 그런데 ______________________ 올해 *물가가 많이 올랐어요.

2. 가: 왜 이렇게 적게 드세요?

   나: 자꾸 살이 쪄서요. 저는 ______________________ 살이 잘 찌는 것 같아요.

3. 가: 이 집 월세가 100만원이래요. 어때요?

   나: 집이 깨끗하고 괜찮네요. 그런데 ______________________ 집이 좀 작은 것 같은데요.

4. 가: 이번 시험에도 이리나 씨가 1등이래요.

   나: 이리나 씨는 항상 놀러 다니는데 ______________________ 시험을 잘 봐서 부러워요.

5. 가: 이분이 어머니세요? 언니인 줄 알았어요.

   나: 엄마가 평소에 운동을 하셔서 그런지 ______________________ 젊어 보이는 것 같아요.

6. 가: 이 노트북은 화면이 큰데 무겁지 않은가요?

   나: 고객님, 이 제품은 ______________________ 가벼운 편이라서 들고 다니시기에 부담이 없습니다.

7. 가: 타쿠야 씨, 한국어 학원에 계속 다니고 있는 거예요?

   나: 네, 말하기 ______________________ 쓰기 실력이 부족해서 계속 학원에 다니고 있어요.

새 어휘 물가 Prices / cost of living

말하기

MP3 24

에릭: 어제 PC방에서 밤을 새워 게임하다가 학교에 늦을 뻔했어.

흐엉: 아이고. 게임 좀 그만해. 근데 그거 알아? PC방은 한국에서 처음 만들어졌대.

에릭: 정말?

흐엉: 1990년대에는 집에서 인터넷을 사용하기가 힘들었어. 그래서 PC방이 만들어졌고 인터넷 사용의 필요성을 느낀 사람들이 PC방을 찾기 시작했대. 지금은 과거에 비해 게임을 즐기러 가는 사람들이 많아졌지만.

에릭: 맞아. 이제 집에서의 인터넷 사용이 가능해졌지만 그래도 PC방에서 친구들과 게임하는 재미를 놓칠 수는 없지. PC방 음식도 가격에 비해 맛이 좋고.

흐엉: 너의 PC방 사랑은 이미 알고 있어. 그런데 네가 지금 마시는 *믹스커피도 한국에서 발명된 거야.

에릭: 그래? 좀 더 이야기해 줘.

흐엉: 1980년대 *후반에 한국에서 커피는 *고급 음료로 여겨져 커피를 마시려면 커피숍에 가야 했기 때문에 돈과 시간이 많이 들었대. 이런 점을 개선하려고 제품 개발에 힘썼고 이것은 믹스 커피라는 결과를 낳았어. 손쉽고 저렴하게 마실 수 있는 믹스커피는 좋은 반응을 얻어 오늘날 한국 어디에서나 만날 수 있는 음료가 되었어. 요즘은 어떤 맛을 좋아하냐에 따라 다양한 믹스커피가 개발되고 있지.

에릭: 우리 주변의 것들이 어떻게 처음 만들어졌는지에 대해 듣고 보니 새롭다!

연습 1 **대화를 듣고 질문에 대답해 보세요.**

1. 에릭은 오늘 왜 지각할 뻔했습니까?

2. 요즘 사람들은 PC방에서 무엇을 많이 합니까?

3. 1980년대 한국에서는 왜 커피를 마실 때 돈과 시간이 많이 들었습니까?

4. 믹스커피는 왜 사람들의 사랑을 받았습니까?

연습 2 아래 어휘를 사용하여 친구와 대화 연습을 해 보세요.

학교에 늦다 인터넷 사용의 필요성을 느끼다 가격 어떤 맛을 좋아하다	아침 수업을 못 듣다 집에서 인터넷 사용이 불가능하다 예전 어떤 향을 즐기다	숙제를 끝내지 못하다 인터넷으로 일을 해야 하다 보이는 것 안에 무엇을 *첨가했다

연습 3 친구와 함께 새롭게 발명되면 좋을 물건을 생각해 이야기해 보세요.

"우리가 생각해 낸 물건은 화분에 물이 얼마나 필요한지 알려주는 기계입니다. 이것은 우리가 키우는 모든 꽃과 나무에 사용할 수 있습니다. 저는 물을 주는 것을 깜빡해 화분의 꽃을 죽일 뻔한 적이 많습니다. 또 물을 언제, 얼마나 줘야 하는지 잘 알 수 없었습니다. 그래서 꽃이나 나무가 목이 마르면 알람으로 알려주고 얼마나 물을 줘야 하는지도 알려주는 기계가 있으면 좋겠다고 생각했습니다……"

1. 그것은 어떤 물건이며 어디에 사용할 수 있습니까?

2. 왜 그 물건이 필요하다고 생각했습니까?

3. 그 물건을 사용하면 어떤 점이 편리합니까?

새 어휘 믹스커피 Instant coffee mix　후반 Late / Latter half　고급 Gourmet(food)　첨가하다 To add

듣기

준비 여러분은 김치냉장고에 대해 들어본 적이 있습니까?

연습 1 잘 듣고 맞으면 O, 틀리면 X 표시해 보세요. MP3 25

1. 한국인은 가을이나 겨울에만 김치를 먹었다. O X
2. 보통의 냉장고는 김치를 오래 *보관할 수 없다. O X
3. 김치냉장고는 온도와 *습도가 모두 *조절이 된다. O X
4. 좋아하는 김치 맛을 선택해서 김치냉장고에 보관할 수 있다. O X
5. 김치냉장고는 김치만 보관이 가능한 제품이다. O X

연습 2 **다시 한 번 듣고 질문에 맞는 답을 해 보세요.** MP3 26

1. 냉장고에 김치를 오래 보관했을 때 어떤 문제가 있었습니까?

1) ______________________________

2) ______________________________

2. 김치냉장고는 무엇에 따라 맛을 조절할 수 있습니까?

____

연습 3 **잘 듣고 빈칸을 채워 보세요.** MP3 27

1. 예전에는 김치를 땅에 *묻어서 보관을 하기도 하였으나 ______________________________

______________________________.

2. 그러한 문제 때문에 많은 *가정에서 ______________________________.

3. 김치냉장고는 온도뿐만 아니라 ______________________________

김치를 맛있고 오랫동안 보관할 수 있게 만들어진 냉장고입니다.

4. 또한 김치냉장고는 김치가 더 잘 *발효되도록 도와주고 원하는 김치의 맛을 일정하게

유지시켜 주는 기능이 있어 ______________________________

마음대로 맛을 조절할 수 있게 되었습니다.

새 어휘 보관하다 To store 습도 Humidity 조절하다 To control / adjust 묻다 To bury 가정 Home / household 발효 Fermentation 이르다 To reach / to arrive

읽기

MP3 28

한국을 대표하는 *세계적으로 중요한 발명 중 하나는 「직지심체요절」입니다. 이 발명은 한국의 과학 기술이 얼마나 뛰어났는지를 잘 보여줍니다.

「직지심체요절」은 1377년에 만들어진 *불교와 관련된 책입니다. 이 책을 만드는 데 *금속 활자가 사용되었는데 이는 세계에서 가장 오래된 금속 활자로 *인정받았습니다. 이 사실을 아무도 모를 뻔했으나 1972년에 「직지심체요절」이 프랑스 *국립도서관에서 발견되면서 세상에 알려지게 되었습니다.

이것의 발견에는 놀라운 이야기가 있습니다. 박병선 *박사는 한국의 오래된 책들이 프랑스의 도서관에 있다는 *소문을 듣고 그것을 찾아 프랑스로 떠나게 됩니다. 그 후 파리의 국립도서관에서 일을 하게 되었는데 시간만 나면 오래된 책들을 찾아보았습니다. 결국 그녀는 오래된 자료들을 연구하다가 「직지심체요절」을 발견하게 되었고 그 결과 「직지심체요절」이 세상에 널리 알려지게 된 것입니다. 이 이야기는 우리가 얼마나 열정을 가지고 노력하냐에 따라 불가능해 보이는 것이 가능해질 수 있다는 것을 깨닫게 해 줍니다.

금속 활자의 발명은 사람들의 생활을 바꾸어 놓았습니다. 금속 활자의 발명으로 사람들은 전에 비해 책을 빠르게 만들 수 있게 되었고 책의 내용을 손쉽게 읽고 배울 수 있게 되었습니다. 이렇게 「직지심체요절」은 사람들의 생활에 크게 *기여를 했습니다.

새 어휘 세계적 Global / worldwide　불교 Buddhism　금속 활자 Metal movable type　인정받다 To be recognized　국립 National　박사 Doctorate / Ph.D.　소문 Rumor　기여하다 To contribute

연습 1 글을 읽고 질문에 대답해 보세요.

1. 「직지심체요절」은 언제, 어디에서 발견이 되었습니까?

____

2. 「직지심체요절」의 발명은 무엇에 영향을 주었습니까?

____

금속 활자가 발명되기 전에 책을 만들기 어려웠어요. 그때 사람들의 생활은 어땠을지 이야기해 보세요.

쓰기

우리 생활의 질을 향상시킨 발명을 하나 골라서 소개해 보세요.

※187P에 '-(스)ㅂ니다'를 사용하여 300~400자의 글로 완성해 보세요.

1. 그것은 누가 언제 발명했습니까?

2. 그것을 발명하기 전에 사람들의 생활은 어땠습니까?

3. 그것이 발명된 후에 생활의 질은 어떻게 향상되었습니까?

4과

잘못된 자세로 일하다가는 일상생활도 불편해질 수 있어.

여러분은 감기를 예방하기 위해서 하는 것이 있어요? 이야기해 보세요.

어휘와 표현	질병과 예방
문법	N(이)라도
	V/A-든(지) V/A-든(지)
	V-다가는
말하기	컴퓨터 앞에 앉아서 일하는 사람들이 '거북목 증후군'에 잘 걸린대.
듣기	오늘은 '질병 예방의 중요성'에 대해 말씀드리겠습니다.
읽기	건강을 회복하는 데 도움이 되는 음식에 뭐가 있을까?
쓰기	병에 걸렸을 때 집에서 치료하는 전통적인 방법을 소개해 보세요.
한국어 더하기	사자성어 ②

질병과 예방 Disease and prevention

MP3 29

통증을 느끼다 To feel pain	몸살이 나다 To have body aches	안색이 좋다 ↔ 안색이 안 좋다 To look healthy ↔ To look pale
독감에 걸리다 To catch the flu	피로가 쌓이다 To build up fatigue	소화 불량 Indigestion

독감에 걸리면 어떤 증상을 보입니까?

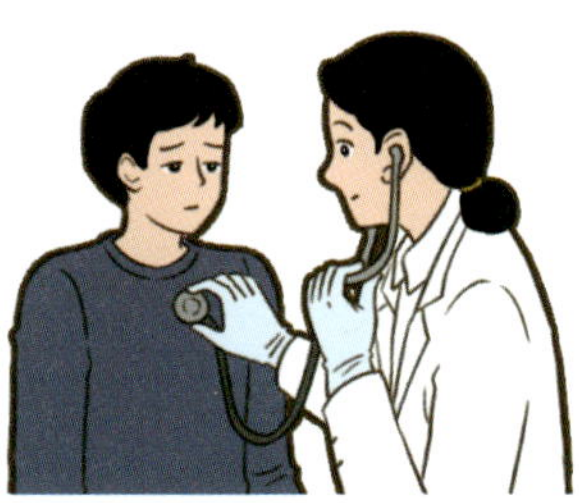

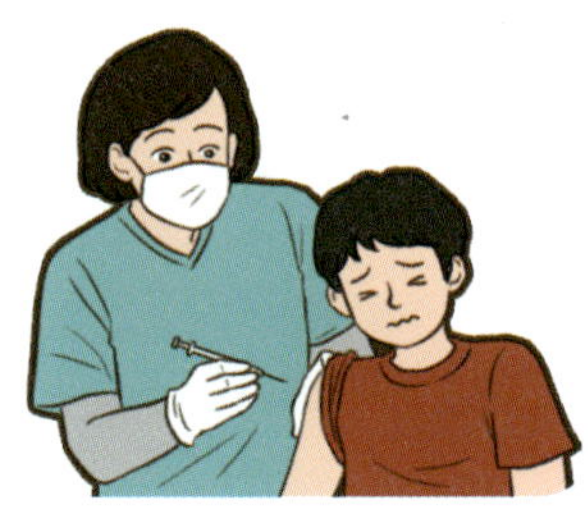

건강 검진을 받다 To get a check-up	영양제를 복용하다 To take nutritional supplements	예방 주사를 맞다 To get a vaccination
조기에 발견하다 To detect early	건강 관리를 하다 To manage one's health	회복하다 To recover

질병을 조기에 발견하려면 어떻게 해야 합니까?

연습 1 〈보기〉에서 알맞은 어휘를 골라 빈칸을 채워 보세요.

보기
통증을 느끼다 몸살이 나다 독감에 걸리다 예방 주사를 맞다 회복하다 영양제를 복용하다

1. 감기에 걸렸지만 잘 먹고 푹 쉬어서 금방 건강을 ______________________.

2. 아기들은 태어나면 병에 걸리지 않게 ______________________아/어야 한다.

3. 허리를 다쳐서 앉거나 일어날 때마다 허리에 ______________________.

4. 가: ______________________아/어서 팔과 다리가 아프고 힘도 없을 뿐만 아니라 추워.

나: 이 약을 먹은 후에 따뜻하게 입고 푹 자.

5. 가: 혼자 살면서 과일과 채소를 잘 안 먹게 됐어요.

나: 식사를 제대로 못하면 대신 ______________________아/어 보세요.

6. 가: 열도 많이 나고 기침도 계속하는 걸 보니 감기에 심하게 걸렸네.

나: 맞아. 의사 선생님이 나한테 ______________________았/었대.

연습 2 〈보기〉에서 알맞은 어휘를 골라 대화를 완성해 보세요.

보기
안색이 나쁘다 소화 불량 피로가 쌓이다 건강 관리를 하다 조기에 발견하다 건강 검진을 받다

가: 너 오늘 **1.**__________________. 어디 아파?

나: 요즘 계속 야근해서 **2.**__________________았/었나 봐. 잠도 별로 못 잤거든.

가: 밥은 챙겨 먹고 다니는 거야?

나: 아니. 많이 먹으면 *속이 불편해. **3.**__________________인 것 같아.

가: 너, 그냥 피곤한 게 아니라 병이 생긴 거 아니야?

그러지 말고 병원에 가서 **4.**__________________아/어 봐.

나: 심각하게 아픈 것도 아닌데, 뭐.

가: 조금 안 좋을 때 병원에 가야 병을 **5.**__________________지.

나: 그런가? 알았어. 너도 술만 마시지 말고 평소에 **6.**__________________.

가: 알겠어. 나도 내 건강에 신경쓸게.

새 어휘 속이 불편하다 To have an upset stomach

문법 1

N(이)라도

MP3 30

• 최선의 것은 아니지만 그런대로 괜찮은 것을 선택할 때 사용해요.
It is used when choosing something that is acceptable though not the best.

명사	받침 O	+이라도	조금: 조금 + 이라도 → 조금이라도
	받침 X	+라도	문자: 문자 + 라도 → 문자라도

1. 밥을 먹기 힘들면 **죽이라도** 드세요.
2. 전화하기 힘든 상황이면 **문자라도** 보내 주세요.
3. 살을 빼고 싶으면 **지금부터라도** 운동을 시작하는 건 어때요?
4. **공부할 때라도** 휴대폰은 가방에 넣어 두세요.

〈보기〉와 같이 친구와 이야기해 보세요.

보기
가: 너무 바빠서 밥을 먹을 시간이 없어요.
나: 그럼 빵이라도 드세요.

1. 손님, 죄송하지만 딸기 주스는 다 팔리고 없습니다.

2. 어머니 생신을 깜빡해서 아무것도 준비를 못했어요.

3. 새 자동차를 사고 싶은데 너무 비쌀 것 같아요.

4. 다음 주가 시험인데 오늘도 공부를 제대로 못 했어요.

연습 1 배운 문법을 사용하여 대화를 완성해 보세요.

보기 배　약　영화　카페　늦은 시간　라면　사진

1. 가: 머리가 너무 아파요.

   나: 지금은 병원이 문을 닫았으니까 이 ______________ 먹어 보세요.

2. 가: 저 사람이 바로 제가 제일 좋아하는 가수예요. *사인을 받고 싶어요.

   나: 사람이 너무 많아서 어려울 것 같은데 ______________ 찍어요.

3. 가: 오늘 저녁에 뭐 먹을 거예요?

   나: 집에 밥이 없으니까 ______________ 먹어야겠어요.

4. 가: 영수 씨, 지금 행사가 시작됐어요. ______________ 꼭 오세요.

   나: 네, 길이 너무 막혀서 예상보다 늦었네요. 곧 도착해요!

5. 가: 내일 등산 가기로 했는데 비가 오면 어떻게 해?

   나: 그럼 극장에 가서 ______________ 보자. 어때?

6. 가: 표가 매진돼서 제주도에 비행기로 못 가요. 어떡하지요?

   나: 그럼 ______________ 갑시다. 바다 경치도 보고 좋잖아요.

7. 가: 도서관이 다 차서 자리가 없대요.

   나: 그럼 ______________ 공부하는 게 좋겠어요.

새 어휘 사인 Signature

문법 2

V/A-든(지) V/A-든(지)

MP3 31

- 나열된 동작, 상태, 대상들 중에서 어느 것이든 선택해도 상관이 없을 때 사용해요.
  It is used when any of the listed actions, states, or objects can be chosen without preference.

동사 형용사	받침 O	-든(지)	먹다: 먹 + -든(지) ➜ 먹든(지)
	받침 X		쉬다: 쉬 + -든(지) ➜ 쉬든(지)
명사	받침 O	+이든(지)	사탕: 사탕 + 이든(지) ➜ 사탕이든(지)
	받침 X	+든(지)	요리: 요리 + 든(지) ➜ 요리든(지)

1. 밥을 **먹든지** 죽을 **먹든지** 내가 찾아서 먹을게요.
2. 주말에는 집에서 **쉬든지** 자전거를 타러 **가든지** 할 거예요.
3. 시간이 있으면 주말에 같이 **요리든지 청소든지** 할까요?
4. **주말이든 평일이든** 연락 주시면 바로 오겠습니다.

Tip!

1. 'V/A-든지 안 V/A-든지, V/A-든지 말든지, V-든지 못 V-든지'의 형태로 대립, 반대되는 것을 나열할 때 사용해요.
   In the forms "V/A-든지 안 V/A-든지, V/A-든지 말든지, V-든지 못 V-든지," it lists contrasting or opposing choices.
   예 유학을 가든지 안 가든지 하는 건 아이의 결정에 따릅시다.
2. '무엇, 어디, 누구, 언제, 어떻게' 등 대명사 + 'V/A-든지'의 형태로도 사용해요. 이때는 '-든지'를 한 번만 사용해요.
   In the forms "무엇/어디/누구/언제/어떻게 + V/A-든지," it means "no matter what/where/who/when/how," and "-든지" appears only once.
   예 언제든지 우리집에 놀러 오세요.

〈보기〉와 같이 친구와 이야기해 보세요.

보기

가: 우리 언제 만날까요?
나: 저는 주말에는 토요일이든 일요일이든 상관 없어요.

1. 자주 가는 식당이 있어요? 그 식당은 뭐가 맛있어요?
2. 고향에 돌아가는데 무슨 선물을 사 가면 좋을까요?
3. 가격과 상관없이 꼭 사야 하는 물건이 있어요?
4. 모임에 늦게 가서 조금밖에 못 먹었는데 회비를 똑같이 내야 할까요?

연습 1 배운 문법을 사용하여 대화를 완성해 보세요.

1. 

가: 이번 연휴에는 뭐 할 거예요? 여행 가요?

나: 여행은 안 갈 거예요. 집에서 책을 ________________ 공원에서 좀 ________________ 하려고요.

2. 

가: 이력서를 보내려고 하는데요. 이메일로 제출해도 돼요?

나: 이메일 접수는 받고 있지 않습니다. 우편으로 ____________ 직접 ____________ 하셔야 합니다.

3. 

가: 한국어를 잘하는 특별한 방법이 있어요?

나: ______________________________ 꾸준히 연습해야 해요.

4. 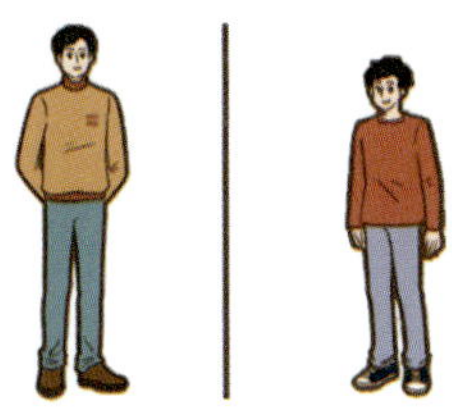

가: 나타완 씨는 키가 큰 남자가 좋아요?

나: 저는 키가 ______________________________ 상관없고 취미 활동을 같이 할 수 있으면 좋겠어요.

5. 

가: 생일 선물을 사려고 하는데 너는 가방이 좋아, 옷이 좋아?

나: ______________________________ 네 마음이 담긴 선물은 다 좋아.

6. 

가: 오늘 뭐 먹을까?

나: 엄마가 만든 음식이면 ______________________________ 다 맛있어요.

7. 

가: 오랜 친구는 언제 ______________________________ 항상 마음이 편하고 즐거운 것 같아요.

나: 맞아요, 오랜만에 봐도 어색하지 않고요.

문법 3

V-다가는

MP3 32

- 앞선 좋지 않은 행위나 상태가 계속되면 안 좋은 상황이나 결과가 발생할 수 있음을 나타내요. 다른 사람에게 충고를 하거나 주의를 줄 때 자주 사용해요.
  It is used to warn or advise someone that if an undesirable state or action continues, a bad result may occur.

동사	받침 O	-다가는	먹다: 먹 + -다가는 ➡ 먹다가는
	받침 X		마시다: 마시 + -다가는 ➡ 마시다가는

1. 지금처럼 매일 술을 **마시다가는** 건강에 문제가 생길 수 있어요.
2. 한 번만 더 여기에서 담배를 **피우다가는** 관리인에게 주의를 들을 거예요.
3. 계속 **지각하다가는** 회사에서 뭐라고 하지 않겠어요?
4. 주말도 없이 **일하다간** 몸살이 날 텐데 주말에는 좀 쉬세요.

Tip!

후행절에 추측의 표현을 함께 쓰는 것이 자연스러워요.
It is natural to use it together with an expression of supposition in the following clause.

예 거짓말만 하다가는 친구들이 싫어하게 될걸요. (O)
거짓말만 하다가는 친구들이 싫어해요. (X)

〈보기〉와 같이 이야기해 보세요

보기

요리를 잘 못해서 *인스턴트 음식을 자주 먹어요.
➡ 인스턴트 음식을 자주 먹다가는 건강이 나빠질 거예요. 귀찮아도 음식을 직접 만들어 드세요.

1. 예쁜 옷이 많아서 어제도 옷을 *잔뜩 사 버렸어요.
2. 힘들어서 계속 숙제를 미루고 있어요.
3. 병원에 가는 게 무서워서 아프지만 참고 있어요.

연습 1 배운 문법을 사용하여 대화를 완성해 보세요.

1. 가: 나 급한데 10만 원만 빌려줘.

나: 이번이 마지막이야. 자꾸 이렇게 친구들에게 돈을 ________________ 친구들을 다 잃게 될 거야.

2. 가: 어제도 귀찮아서 배달 음식을 먹었어요.

나: 그렇게 매일 시켜서 ________________ 건강이 나빠질 수 있으니까 조심하세요.

3. 가: 아, 피곤하고 손님도 없으니까 게임이라도 해야겠다.

나: 아르바이트 중에 자꾸 이렇게 ________________ 잘릴 수 있어요.

4. 가: 아침부터 폭설이 계속 내리네요.

나: 아, 이렇게 눈이 계속 ________________ 내일 아침에 출근하기 힘들겠어요.

5. 가: 저는 스트레스를 먹는 것으로 풀어요. 먹다 보면 기분이 좋아지거든요.

나: ________________________________.

연습 2 예상되는 결과를 빈칸에 써서 대화를 완성해 보세요.

1. 가: 어제 휴대폰을 5시간 넘게 봐서 눈이 피곤해요.

나: 그렇게 휴대폰을 오래 보다가는 ________________.

2. 가: 이 아르바이트는 근무 시간이 짧고, 저 아르바이트는 집에서 멀어. 일할 데가 없네.

나: 그렇게 불평만 하다가는 ________________.

3. 가: 이사해야 하는데 책이 너무 많아. 아까워서 버리지는 못 하겠고…….

나: 읽지 않는 책을 계속 쌓아 두다가는 ________________.

새 어휘 인스턴트 음식 Instant food　　잔뜩 Heavily

말하기

MP3 33

나타완: 요즘 어깨하고 목 *주위가 너무 아픈데 잘 때도 아파. 밤에 잠이라도 좀 제대로 자고 싶어.

타쿠야: 너도 어깨와 목이 아파? 나도 어깨하고 목 부분의 통증이 너무 심해서 지난주에 병원에 다녀왔어. 우리처럼 하루 종일 컴퓨터 앞에 앉아서 일하는 사람들이 '거북목 증후군'에 잘 걸린대.

나타완: 거북목 증후군? 그게 뭐야?

타쿠야: 옆에서 보면 고개가 어깨보다 앞으로 나와 있어서 마치 *거북이가 목을 길게 하고 있는 것처럼 보이는 거지.

나타완: 그래? 생각해 보니까 나도 그런 것 같은데. 그럼 어떻게 해야 해?

타쿠야: 어깨랑 목 근육이 늘어나서 그런 거니까 자세를 고쳐야 해. 지금처럼 잘못된 자세로 일하다가는 일상생활을 하기도 불편해질 수 있어. 그러니까 일할 때라도 자세에 신경을 쓰는 게 좋아.

나타완: 자세를 어떻게 고치면 좋을까?

타쿠야: 우선 앉아 있든지 서 있든지 어깨를 편 자세를 유지하는 게 가장 중요해. 그리고 컴퓨터 화면이 눈보다 낮으면 높이는 게 좋아. 잠깐이라도 자주 스트레칭을 하고 가벼운 운동으로 근육을 풀어 줘. 그래도 계속 아프면 병원에 가 보고.

나타완: 응, 알겠어. 고마워.

연습 1 **대화를 듣고 질문에 대답해 보세요.**

1. 타쿠야는 왜 병원에 다녀왔습니까?

2. 거북목 증후군은 어떤 사람들이 잘 걸립니까?

3. 자세가 잘못되면 왜 거북목 증후군에 걸립니까?

4. 거북목 증후군을 고치려면 무엇이 가장 중요합니까?

연습 2 아래 어휘를 사용하여 친구와 대화 연습을 해 보세요.

컴퓨터 앞에 앉아서 일하다 잘못된 자세로 일하다 일할 때 앉아 있다/서 있다	오래 앉아 있으면서 운동을 적게 하다 운동을 하지 않고 앉아만 있다 지금부터 일을 하다/책을 보다	오랫동안 스마트폰을 보다 스마트폰을 오랜 시간 보다 휴대폰을 보는 동안 게임을 하다/문자를 보내다

연습 3 다음은 현대인들이 잘 걸리는 질병입니다. 원인을 찾고 그 중 하나를 골라 예방할 수 있는 방법을 이야기해 보세요.

질병

불면증 : 밤에 잠을 잘 못 자요.

비만 : 몸무게가 아주 많이 나가요.

우울증 : 항상 우울하고 아무것도 하고 싶지 않아요.

원인

심각한 스트레스	*운동량 부족
규칙적이지 않은 생활 습관	부족한 수면 시간
외식의 증가	앉아 있는 시간의 증가

예방법

새 어휘 주위 Around 거북이 Turtle 운동량 Amount of exercise

듣기

준비 병을 예방하고 건강을 유지하는 좋은 습관으로는 무엇이 있습니까?

연습 1 잘 듣고 맞으면 O, 틀리면 X 표시해 보세요. MP3 34

1. 병을 치료하는 것보다 예방하는 것이 돈과 시간을 절약할 수 있다. O X
2. *정신적으로 안정된 사람은 병에 잘 걸리지 않는다. O X
3. 운동은 한 번 할 때 오랜 시간을 할수록 건강에 좋다. O X
4. 건강 검진을 규칙적으로 받으면 병이 심해지기 전에 발견할 수 있다. O X
5. 남자는 남들이 모르는 특별한 건강 비결을 알려주고 있다. O X

연습 2 다시 한 번 듣고 질문에 맞는 답을 해 보세요. MP3 35

1. 건강한 생활 습관을 실천하고 있지 않은 사람은 누구입니까?

① 병에 걸렸을 때는 주사를 꼭 맞는다.

② 신선한 야채와 과일을 챙겨 먹는다.

③ 매일 7시간 정도를 규칙적으로 잔다.

④ 자신에게 필요한 영양제를 복용한다.

2. 마지막 말에 이어서 남자가 할 말로 어울리는 것을 고르십시오.

① 작은 통증도 가볍게 보면 안 됩니다.

② 힘들더라도 질병에 절대 지지 마십시오.

③ 질병을 예방하는 것은 최고의 치료입니다.

④ 우리 의사들은 언제나 여러분 *곁에 있습니다.

연습 3 잘 듣고 빈칸을 채워 보세요. MP3 36

1. ______________________ 건강을 잃어버리면 아무 소용이 없습니다.

2. ______________________ 돈과 시간이 많이 들고 심할 경우 치료가 되지 않는 경우도 있습니다.

3. 운동 역시 필요한데 한 번에 많은 운동을 하는 것보다 ______________________ ______________________ 중요합니다.

4. 건강한 ______________________ 나중에 후회하게 될 수 있습니다.

새 어휘 정신적 Mental 곁 Beside 중요성 Importance 상태 Condition / state 상식 Common sense 실천 Action

읽기

MP3 37

나라별 감기에 효과적인 음식

나이가 많든지 적든지 누구나 살면서 감기에 걸리지 않는 사람은 없을 것이다. 감기에 걸리면 안색이 나빠지기도 하고 몸살이 나거나 통증을 느끼는 사람도 있다. 이런 증상이 있을 때 병원에 가거나 약부터 찾는 사람들이 많다. 그런데 '감기는 약을 먹어도 회복하는 데 일주일, 먹지 않아도 일주일을 앓는다.'는 농담이 있다. 이 말은 감기는 약을 먹지 않아도 시간이 지나면 자연스럽게 낫는다는 뜻이다. 그러나 이 말만 믿고 아무것도 하지 않고 있다가는 증상이 더 심해질 수도 있으니까 잘 먹고 잘 쉬어야 한다.

그럼 감기로부터 벗어나 건강을 회복하는 데 도움이 되는 음식에 뭐가 있을까? 각 나라별로 감기나 독감에 걸렸을 때 먹는 음식이 무엇인지 알아보자. 먼저 한국에서는 '배숙'을 먹는다. 배숙은 물에 *배와 꿀을 넣고 푹 끓여서 만든다. 꿀이 없다면 설탕이라도 대신 넣으면 된다. 이 배를 국물과 함께 따뜻한 상태로 먹으면 기침을 없애는 데 효과가 있다. 일본에서는 술에 계란과 꿀을 넣어서 끓인 후 이 술을 뜨겁게 해서 마시는데 이것은 콧물이 나고 목에 통증을 느끼는 사람에게 효과가 있다. 미국에서는 닭고기와 채소로 수프를 만들어 먹는데 이 수프는 기운이 나게 해 주며 목이 부었을 때 효과가 있다고 한다.

잘 만든 음식은 좋은 약과 같다고 한다. 감기에 걸렸을 때 위에서 소개한 것처럼 *정성을 담아 직접 만든 따뜻한 음식을 먹어 보자. 빠른 회복에 도움이 될 것이다.

새 어휘 배 Pear 정성 Dedication/Care

연습 1 글을 읽고 질문에 대답해 보세요.

1. 각 나라별 감기에 좋은 음식의 재료와 요리법, 어떤 사람에게 효과적인지 정리해 보세요.

	재료	요리 방법	어떤 사람에게 좋습니까?
한국			
일본			
미국			

2. '감기는 약을 먹어도 회복하는 데 1주일, 먹지 않아도 1주일을 앓는다.'는 무슨 뜻입니까?

여러분은 감기에 걸렸을 때 무엇을 자주 먹습니까? 그것은 어디에 효과가 있습니까?

쓰기

여러분의 나라에서 아플 때 집에서 직접 치료하는 전통적인 방법을 소개해 보세요.

※188P에 '-(스)ㅂ니다'를 사용하여 300~400자의 글로 완성해 보세요.

1. 그 전통적인 치료 방법은 어디가 어떻게 아플 때 사용합니까?

2. 그 전통적인 치료 방법을 위해서 무엇이 필요합니까?

3. 그것은 어떤 순서나 방식으로 환자를 치료합니까?

한국어 더하기 사자성어 ②

MP3 38

고진감래

일석이조

이심전심

동상이몽

자업자득

동병상련

연습 1 다음 사자성어와 어울리는 의미를 찾아 연결해 보세요.

1. 고진감래 •	• **a.** 한 가지 일로 두 가지의 좋은 결과가 있다.
2. 일석이조 •	• **b.** 같은 상황에서 서로 다른 생각을 한다.
3. 이심전심 •	• **c.** 고생한 후에 즐거운 일이 온다.
4. 동상이몽 •	• **d.** 자기가 한 일의 나쁜 결과를 자기가 받는다.
5. 자업자득 •	• **e.** 같은 어려운 일이 있는 사람끼리 서로 안타깝게 여긴다.
6. 동병상련 •	• **f.** 서로의 마음이 통한다.

연습 2 다음 상황과 어울리는 사자성어를 골라 보세요.

a. 고진감래	**b.** 일석이조	**c.** 이심전심
d. 동상이몽	**e.** 자업자득	**f.** 동병상련

1. 가: 여행 재미있겠지? ('여행 가서 맛있는 것 먹으러 다녀야지.')
나: 응. 너무 재미있을 것 같아. ('여행 가면 쇼핑하러 다녀야지.') (　　)

2. 가: 나 저 영화 보고 싶은데 같이 안 볼래?
나: 정말? 나 너랑 보려고 저 영화표 예매해 놓았어. (　　)

3. 가: 이번 시험을 망쳐버렸어.
나: 네가 자꾸 공부는 미루고 친구랑 노니까 그렇지. (　　)

4. 가: 가게를 새로 열어서 할 일이 너무 많아요.
나: 지금은 힘들지만 손님이 늘어서 가게가 잘되는 날이 올 거예요. (　　)

5. 가: 학교까지 걸어 다니니까 어때?
나: 교통비도 적게 들고 운동도 할 수 있어서 좋아요. (　　)

6. 가: 지난달에 아버지가 돌아가셨는데 너무 보고 싶어요.
나: 힘내세요. 저도 지난달에 어머니가 돌아가셔서 그 마음 알아요. (　　)

여러분도 배운 사자성어와 같은 경험이 있어요? 이야기해 보세요.

5과 안전 규칙만 잘 지키면 사고가 날 리 없어요.

최근에 경험하거나 들은 사건이나 사고가 있어요? 이야기해 보세요.

어휘와 표현	사건과 사고
문법	N에 따르면/의하면
	V/A-아/어야 할 텐데
	V/A-(으)ㄹ 리가 없다
말하기	우리의 안전을 위해서 규칙을 잘 지켜야지요.
듣기	최근 인터넷에서 가짜 뉴스가 퍼지는 사건이 자주 일어나고 있는데요.
읽기	화재 예방, 조금만 신경 쓰면 돼요.
쓰기	여러분 나라에서 일어난 사건이나 사고에 대해 써 보세요.

어휘와 표현

사건과 사고 Incidents and accidents

MP3 39

신호를 어기다
To violate a signal

과속하다
To speed

법을 위반하다
To break the law

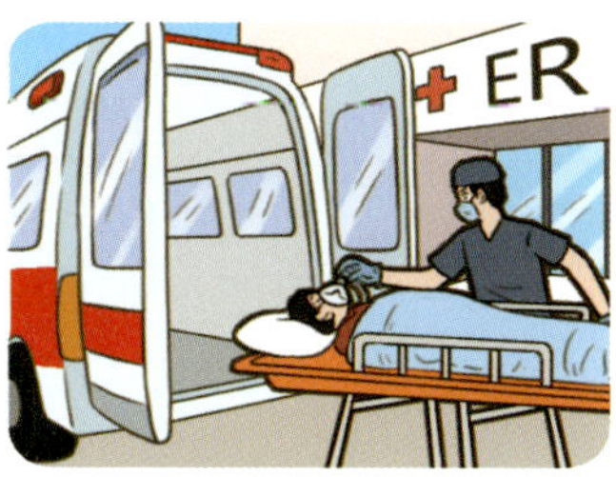

응급실로 옮겨지다
To be taken to the emergency room

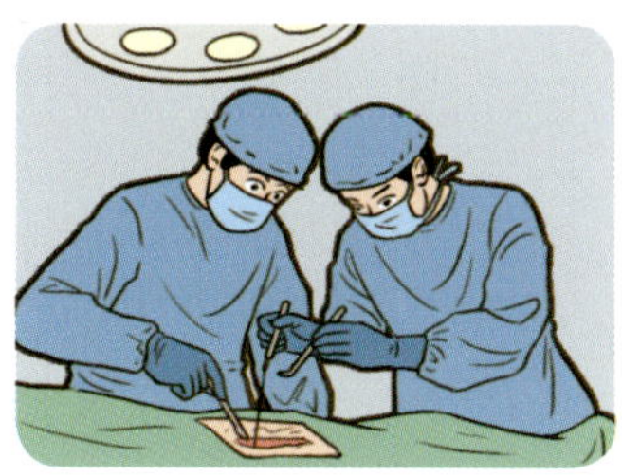

수술하다
To perform surgery

부주의하다
To be careless

처벌을 받다
To be punished

도난당하다
To be stolen

가짜 뉴스가 퍼지다
To spread fake news

명예를 훼손하다
To damage one's reputation

고소하다
To sue

사망하다
To die

인터넷에 퍼진 가짜 뉴스를 본 적이 있습니까? 어떤 소문이었습니까?

어떤 경우에 다른 사람을 고소할 수 있습니까?

연습 1 〈보기〉에서 알맞은 어휘를 골라 빈칸을 채워 보세요.

보기

법을 위반하다	처벌을 받다	도난당하다
가짜 뉴스가 퍼지다	명예를 훼손하다	고소하다

1. 가: 집에 도둑이 들었다고요? 뭘 훔쳐갔어요?

나: 현금과 목걸이를 ______________________.

2. 가: 인터넷에 영화배우 A 씨가 이혼을 했다는 ______________________았/었다면서?

나: 어. 나도 놀랐는데 A 씨가 사실이 아니라고 하더라.

3. 잘못된 부동산 정보에 속아서 집 살 돈을 잃었어, 그런 정보를 준 부동산을 경찰에 ______________.

4. 누구든지 ______________________(으)면 경찰의 조사를 받아야 한다.

5. 인터넷으로 다른 사람에 대한 사실이 아닌 내용을 올려 남의 ________________(으)면 안 된다.

6. 맥주를 한 잔이라도 마시고 운전을 한다면 ______________________게 된다.

연습 2 〈보기〉에서 알맞은 어휘를 골라 대화를 완성해 보세요.

보기

신호를 어기다 과속하다 응급실로 옮겨지다 수술하다 부주의하다 사망하다

9시 뉴스, 교통사고 소식입니다. 오늘 낮 3시쯤, 3명이 타고 가던 *승용차가 건물로 *돌진하는 사고가 발생했습니다. 사고 후 차에 타 있던 세 사람 모두 근처 병원의 **1.**________________았/었으나 운전자 김모 씨는 *깨어나지 못하고 **2.**________________. 같이 타고 있던 2명은 크게 다쳐 병원에서 팔과 다리 등을 **3.**________________고 현재 회복 중입니다. 이번 사고는 운전 중에 휴대폰을 보느라 김모 씨가 운전에 **4.**________________았/었던 것이 원인으로 보입니다. 경찰은 혹시 운전자가 정해진 속도를 지키지 않고 **5.**________________았/었는지, **6.**________________고 운전하지 않았는지 계속 조사 중입니다.

새 어휘 승용차 Passenger car 돌진하다 To rush forward(toward) 깨어나다 To wake up

문법 1

N에 따르면/의하면

MP3 40

• 어떤 사람의 말이나 자료, 출처 등을 근거로 하여 내용을 전달할 때 사용해요.
It conveys information based on what someone said, a source, or a reference.

명사	받침 O	+에 따르면/의하면	방송: 방송 + 에 따르면/의하면 ➞ 방송에 따르면/의하면
	받침 X		예보: 예보 + 에 따르면/의하면 ➞ 예보에 따르면/의하면

1. **안내 방송에 따르면** 비행기 출발이 30분 늦어진다고 합니다.
2. **일기 예보에 의하면** 오늘 저녁부터 전국에 눈이 오겠습니다.
3. **신문 기사에 따르면** 요즘 결혼하지 않는 사람들이 많아지고 있다고 해요.
4. **경찰에 의하면** 이번 교통사고는 운전자의 부주의 때문에 발생했다고 합니다.

〈보기〉와 같이 친구와 이야기해 보세요.

보기
방학은 언제부터예요?
➡ 선생님의 말씀에 따르면 이번 달 25일부터 방학이라고 합니다.

1. 어렸을 때 어떤 아이였어요?

2. 이 계절에 여행하기 좋은 장소는 어디예요?

3. 하루에 몇 시간을 자면 적당해요?

4. 요즘 신문이나 인터넷에서 어떤 기사를 읽었습니까?

연습 1 〈보기〉와 같이 문장을 바꿔 보세요.

> **보기**
> 어머니: "할아버지께서 다리를 다치셨어."
> ➡ 어머니의 말씀에 따르면 할아버지께서 다리를 다치셨다고 해요.

1. 친구: 친구들 모두 시험에 합격했어.

   ➡ ______________________________

2. 일기예보: 내일부터 기온이 오르겠습니다.

   ➡ ______________________________

3. 설문 조사 결과: *직장인의 60%가 자유로운 출근 시간을 더 좋아합니다.

   ➡ ______________________________

4. 의사: 일주일 정도 입원해야 합니다.

   ➡ ______________________________

연습 2 여러분이 얻은 정보를 〈보기〉와 같이 이야기해 보세요.

> **보기**
> (부모님의 말씀)
> ➡ 부모님의 말씀에 의하면 고향에 큰 백화점이 생겼다고 해요.

1. (친구의 말)

   ➡ ______________________________

2. (뉴스)

   ➡ ______________________________

3. (역사)

   ➡ ______________________________

새 어휘 직장인 Office worker

문법 2

V/A-아/어야 할 텐데

MP3 41

• 미래에 있을 어떤 일이나 상태를 기대하거나 걱정하면서 바라는 결과를 나타낼 때 사용해요.
It expresses the speaker's hope or concern for a future event or state.

동사 형용사	ㅏ, ㅗ	–아야 할 텐데	좋다: 좋 + –아야 할 텐데	→ 좋아야 할 텐데
	ㅏ, ㅗ X	–어야 할 텐데	맛있다: 맛있 + –어야 할 텐데	→ 맛있어야 할 텐데
	–하다	–해야 할 텐데	합격하다: 합격하 + –해야 할 텐데	→ 합격해야 할 텐데

1. 주말에 소풍을 가요. 날씨가 **좋아야 할 텐데** 비가 오면 어떡하지요?
2. 할머니께서 수술하셨어요. 빨리 **건강해지셔야 할 텐데** 걱정이에요.
3. 내일 가는 소풍이 **재미있어야 할 텐데요**.
4. 많이 안 **다쳤어야 할 텐데요**.

다음에 이어질 수 있는 말을 생각해서 〈보기〉처럼 이야기해 보세요.

보기
가: 내일 시험이지요?
나: 네, 시험을 잘 봐야 할 텐데 못 볼까 봐 걱정이에요.

1. 내일 소개팅을 한다면서요?

2. 주말에 가족 여행 잘 다녀오세요.

3. 차를 샀다고요? 축하해요.

4. 오후에 축구 경기가 있지요? 응원할게요.

연습 1 배운 문법을 사용하여 대화를 완성해 보세요.

1. 가: 아르바이트는 처음이에요. 실수 없이 일을 ________________ 괜찮을까요?

   나: 성호 씨는 꼼꼼하니까 잘할 거예요.

2. 가: 비가 너무 많이 오네요. 빨리 비가 ________________.

   나: 맞아요. 홍수 때문에 사람들이 입은 피해가 심해요.

3. 가: 이리나 씨가 휴대폰을 잃어버린 모양이에요.

   나: 그래요? ________________ 못 찾으면 어떡해요?

4. 가: 이제 곧 엄마가 되겠네요.

   나: 고마워요. 아이가 ________________ 아픈 곳이 있을까 봐 걱정이에요.

5. 가: 지연 씨가 사고로 부상을 입었대요.

   나: 그래요? ________________.

6. 가: 한국으로 유학을 간다면서요? 한국에서도 잘 지내길 바래요!

   나: 네. ________________.

연습 2 다음 중 맞는 것을 골라 보세요.

1. 파티 준비는 모두 내가 (할 텐데, 해야 할 텐데, 할 테니까) 너는 그냥 와.
2. 출장에서 막 돌아와서 (피곤할 텐데, 피곤해야 할 텐데, 피곤할 테니까) 바로 출근한 거예요?
3. 친구의 선물을 준비했어요. 친구의 마음에 (들 텐데, 들어야 할 텐데, 들 테니까) 걱정이에요.
4. 언니는 야근을 해서 (힘들 텐데, 힘들지 않아야 할 텐데, 힘들 테니까) 또 일을 하네요.
5. 인터넷으로 옷을 샀어요. 저하고 (잘 어울릴 텐데요, 잘 어울려야 할 텐데요, 잘 어울릴 테니까요).

문법 3

V/A-(으)ㄹ 리가 없다

MP3 42

• 어떤 일이 사실이 아니거나 불가능하다고 확신할 때 사용해요.
It shows the speaker's certainty that something is not true or impossible.

동사 형용사	받침 O	-을 리가 없다	작다: 작 + -을 리가 없다 → 작을 리가 없다
	받침 X	-ㄹ 리가 없다	떨어지다: 떨어지 + -ㄹ 리가 없다 → 떨어질 리가 없다

1. 가: 이거 정말 맛있는데요?
   나: 유명한 요리사가 만드신 건데 **맛없을 리가 없죠**.
2. 열심히 공부했는데 시험에서 **떨어질 리가 없어요**.
3. 4월에 이렇게 **추울 리 없는데** 요즘 이상 기후가 심한 것 같아요.
4. 그 착한 아이가 **거짓말을 했을 리가 없어요**.

Tip!
의문문의 형태로 '-(으)ㄹ 리가 있겠어?, -(으)ㄹ 리가 있어?'를 사용하여 믿지 못하거나 불가능하다고 확신함을 나타내요.
In an interrogative form like "-(으)ㄹ 리가 있겠어?, -(으)ㄹ 리가 있어?", it expresses disbelief or certainty that something is impossible.
예 가: 민수가 학교를 그만뒀대요.
나: 성실한 민수가 학교를 그만뒀을 리가 있어요? 잘못 알았을 거예요.

〈보기〉와 같이 이야기해 보세요.

보기
가: 앤디 씨가 고향으로 돌아간다고 해요.
나: 돌아갈 리가 없어요. 제 생일 파티 오기로 했는데요.

1. 그린 백화점에서 정장을 5,000원에 판대요.
2. 친구의 고양이는 사람의 말을 알아듣는대요.
3. 밤 12시에 화장실에서 거울을 보면 미래의 배우자가 보인대요.
4. 저 사람은 벼락을 두 번이나 맞았는데도 살았대요.

연습 1 배운 문법을 사용하여 대화를 완성해 보세요.

1. 가: 영수 씨가 저를 기억할까요?

   나: 3년 동안 같이 일했는데 ______________________________.

2. 가: 지갑 안에 카드가 없는데? 어디에 뒀어?

   나: 내가 분명히 거기에 넣어 뒀어. ______________________________(으)니까 다시 잘 찾아 봐.

3. 가: 새로 시작한 동생 가게가 잘 돼야 할 텐데 걱정이네요.

   나: 값도 저렴하고 맛도 있으니 ______________________________.

4. 가: 흐엉 씨가 다음 주에 고향에 가기로 했대요.

   나: 흐엉 씨가 고향에 ______________________________. 저랑 제주도에 가기로 했는데요.

5. 가: 지영 씨가 음주 운전을 해서 경찰서에 있대요.

   나: 지영 씨가 ______________________________. 지영 씨는 술을 못 마시잖아요.

6. 가: 미나 씨가 남자 친구와 헤어진 모양이에요.

   나: 그렇게 사이가 좋았는데 두 사람이 ______________________________. 뭔가 잠시 오해가 있었던 거겠죠.

7. 가: 혹시 네가 내 비밀을 저 선배에게 말했니?

   나: 아니야. 내가 너의 비밀을 함부로 ______________________________?

8. 가: 행사 준비는 어떻게 하는지 아시지요?

   나: 제가 이 일을 한 지가 10년인데 그걸 ______________________________? 걱정 말고 제게 맡겨 주세요.

말하기

MP3 43

제임스: 집에만 있으니까 답답한데 우리 드라이브라도 갈까요? 얼마 전에 *운전면허를 땄다고 했지요? 그러니까 오늘은 유리 씨가 운전해 보세요.

유 리: 제가요? 아직 운전이 서툴러서 자신 없어요.

제임스: 안전 운전만 하면 괜찮아요. 어느 조사 결과에 따르면 처음 운전하는 사람들은 매우 조심해서 운전하기 때문에 큰 사고는 잘 안 낸대요.

유 리: 그럼 제가 해 볼게요. 실수하지 않아야 할 텐데 조금 걱정은 되네요.

제임스: 중요한 건 *기본을 지키는 거예요. 다른 데 신경 쓰지 말고 앞을 잘 볼 것, 과속하지 말 것, 신호를 어기지 말 것, *안전벨트를 꼭 맬 것. 법을 안 지키면 처벌을 받기도 하지만 우리의 안전을 위해서 규칙을 지켜야지요.

유 리: 앞의 차가 갑자기 서면 어떡해요?

제임스: 그럴 때도 있으니까 앞 차와 충분한 거리를 유지해야 해요.

유 리: 저는 *차선을 변경하는 게 제일 어려워요.

제임스: 미리 *방향 지시등을 켜서 상대방에게 어느 방향으로 갈 건지 알려주고 천천히 들어가는 연습을 해 보세요.

유 리: 정말 괜찮겠죠?

제임스: 앞에서 말한 것만 잘 지키면 사고가 날 리 없어요. 자, 나갑시다!

연습 1 **대화를 듣고 질문에 대답해 보세요.**

1. 유리는 왜 운전에 자신이 없습니까?
2. 운전을 처음하는 사람들이 왜 큰 사고를 잘 내지 않습니까?
3. 운전할 때는 왜 앞 차와의 충분한 거리가 필요합니까?
4. 제임스는 유리에게 무엇을 알려주고 있습니까?

연습 2 아래 어휘를 사용하여 친구와 대화 연습을 해 보세요.

조사 결과	신문 기사	운전 *강사님의 말
실수하지 않다	사고가 나지 않다	안전 운전하다
규칙을 지키다	규칙대로 운전하다	규칙을 어기지 말다
사고가 나다	다른 차와 부딪히다	문제가 생기다

연습 3 다음은 어떤 사고인지 설명하고 예방할 수 있는 방법을 이야기해 봅시다.

보기
떡을 먹을 때는 잘 씹어 먹어야 합니다. 신문 기사에 따르면 어린아이와 나이가 많은 분들이 급하게 떡을 먹다가 떡이 목에 걸려 숨을 쉬지 못해 사망하는 사고가 명절 때마다 발생한다고 합니다. 조금씩 천천히 먹고 떡을 먹을 때 물을 마시면서 먹으면 이런 사고를 예방할 수 있을 것입니다.

새 어휘 운전면허 Driver's license 기본 Basic 안전벨트 Seat belt 차선 Lane 방향 지시등 Turn signal 강사 Instructor

듣기

준비 여러분은 최근에 들은 가짜 뉴스가 있어요? 이야기해 보세요.

연습 1 잘 듣고 맞으면 O, 틀리면 X 표시해 보세요. MP3 44

1. 한영호는 인터넷에 가짜 뉴스를 올렸다. O X

2. 사람들은 모두 송 모 씨가 올린 내용을 믿었다. O X

3. 가짜 뉴스로 한영호 씨에 대해 오해를 하는 사람들이 많이 생겼다. O X

4. 가짜 뉴스를 올리는 것은 법을 위반하는 행동이다. O X

5. 송 모 씨 는 가짜 뉴스를 올렸으나 아무 처벌을 받지 않았다. O X

연습 2 다시 한 번 듣고 질문에 맞는 답을 해 보세요. MP3 45

1. 송 모 씨가 올린 가짜 뉴스의 내용과 같은 것을 모두 고르십시오.

① 한영호 씨는 동료를 때린 적이 있다.

② 한영호 씨는 화가 나서 집에 가 버렸다.

③ 한영호 씨는 *영화 현장에서 술을 마셨다.

④ 한영호 씨는 자신이 나온 영화를 보지 않았다.

2. 전문가에 의하면 인터넷에서 뉴스를 볼 때 어떤 태도가 필요하다고 합니까?

____

____

연습 3 잘 듣고 빈칸을 채워 보세요. MP3 46

1. 지난 10일 영화배우 한영호 씨는 인터넷에 자신에 대한 *거짓 내용을 올린 송 모 씨를 ____.

2. ____________________ 송 모 씨는 한영호 씨가 영화를 찍는 현장에 술을 마시고 오거나 화가 나면 집에 가 버리는 행동을 해서 *감독과 동료들을 곤란하게 했으며 지난달에는 동료에게 *폭력을 쓴 일도 있지만 ____.

3. 이런 내용이 인터넷으로 퍼지면서 한영호 씨가 ________________________________ 한편에서는 한영호 씨에게 실망했다는 목소리가 커지면서 한영호 씨가 나온 영화를 보지 말자는 사람들이 많아지고 있습니다.

4. 한영호 씨는 송 모 씨가 올린 가짜 뉴스로 인해 자신의 명예가 크게 훼손되어 더는 참을 수 없다면서 이번 고소를 계기로 ________________________________ 오해가 계속될까 봐 걱정이라고 전했습니다.

새 어휘 영화 현장 Filming site 거짓 false 감독 Movie director 폭력 Violence 입을 모으다 To speak with one voice 덧붙이다 To add

MP3 47

우리 생활에 없어서는 안 되는 불! 그러나 이 불은 우리를 위험하게도 만들어요. 한 조사 결과에 의하면 매년 2000명이 넘는 사람들이 화재 사고로 사망하거나 부상을 입고 있다고 해요. '우리집에 화재 사고가 나지 말아야 할 텐데…….'하고 걱정하시나요? 걱정 마세요. 화재 예방, 조금만 신경 쓰면 돼요.

첫째, 전기를 사용한 후에는 *콘센트를 뽑으세요. 화재를 예방할 수 있을 뿐만 아니라 전기도 아낄 수 있으니 일석이조입니다.

둘째, (㉠) 한 번만 더 확인해 주세요. 부주의하게 남은 작은 *불씨 하나가 큰 산 하나를 태울 수 있습니다. 담배를 피운 후에, 요리가 끝난 후에 불씨가 남아 있는지 확인하세요.

셋째, *소화기를 준비해 두세요. 평소 소화기의 사용 방법을 알아 두고 불이 나면 소화기로 빨리 꺼 주세요. 오래된 소화기는 제대로 되는지 상태 *점검이 *필수입니다.

넷째, 불이 났을 때는 빨리 119에 신고하고, 안전한 장소로 피하세요. *소방차가 빨리 들어올 수 있도록 소방차가 다니는 길에는 주차하면 안됩니다.

조금만 신경을 더 쓴다면 우리 집이 화재로 위험해질 리가 없겠지요? 지금 바로 실천하세요.

새 어휘 콘센트를 뽑다 To unplug　불씨 Spark　소화기 Fire extinguisher　점검 Inspection　필수 Essential　소방차 Fire truck

연습 1 글을 읽고 질문에 대답해 보세요.

1. 다음 중 잘못된 행동을 하고 있는 사람은 누구입니까?

① 민서는 전기를 사용할 때만 콘센트를 꽂습니다.

② 철이의 집에는 항상 소화기가 준비되어 있습니다.

③ 경태는 불이 나자 119에 신고하고 화재 현장에서 소방관을 기다렸습니다.

④ 기영이는 요리 후에 불이 꺼진 것을 꼭 두 번 확인합니다.

2. ㉠에 들어갈 말로 알맞은 것을 고르십시오.

① 불을 다 사용했는지

② 불이 잘 타고 있는지

③ 불이 확실히 꺼졌는지

④ 불이 얼마나 위험한지

〈보기〉와 같이 화재 예방을 위한 문장을 하나 만들어 보세요.

보기

화재는 NO, 안전은 ON

소리 없는 화재, 귀 기울이기보다 관심을 기울여야 합니다.

불껐나 보고 또 보고! 불껐니 묻고 또 묻고!

쓰기

여러분의 나라에서 일어난 사건이나 사고에 대해 써 보세요.

※189P에 '-(느)ㄴ다'를 사용하여 300~400자의 글로 완성해 보세요.

1. 언제, 어디에서, 어떤 사건이나 사고가 일어났습니까?

2. 그 사건이나 사고가 일어난 원인은 무엇이며 어떤 피해가 있었습니까?

3. 그런 사건이나 사고를예방하려면 어떻게 해야 합니까?

6과 사실 난 너와 달리 내성적이고 부끄러움이 많잖아.

여러분은 어떤 성격을 갖고 있어요?
이야기해 보세요.

어휘와 표현	성격과 태도
문법	V/A-았/었어야 했는데
	V-(으)려던 참이다
	V-는 바람에
말하기	발표 주제를 바꾸자고 한 것도 너무 변덕스럽게 느껴졌어.
듣기	우선 긍정적으로 생각하고 표현하는 게 중요하대.
읽기	'빨리빨리' 문화는 지금도 한국 사회에서 쉽게 찾아볼 수 있다.
쓰기	친구나 가족 중에서 한 명을 골라 닮고 싶은 성격에 대해 써 보세요.
한국어 더하기	접두사

어휘와 표현

성격과 태도 Personality and attitude

MP3 48

다정하다
To be kind

겸손하다
To be humble

외향적이다 ↔ 내향적이다
To be outgoing ↔ To be introverted

용감하다
To be brave

부끄러움이 많다
To be shy

까다롭다
To be picky

고집이 세다
To be stubborn

너그럽다
To be generous

이기적이다
To be selfish

변덕스럽다
To be moody

긍정적 ↔ 부정적
Positive ↔ Negative

감정적 ↔ 이성적
Emotional ↔ Rational

감정적인 사람과 이성적인 사람은 쇼핑을 할 때 어떤 차이가 있을까요?

이기적인 성격을 보여주는 행동에는 어떤 것이 있을까요?

연습 1 〈보기〉에서 알맞은 어휘를 골라 대화를 완성해 보세요.

보기 겸손하다 용감하다 까다롭다 너그럽다 긍정적 이성적

1. 가: 아직 부족한 것이 많은 저에게 이런 상을 주셔서 감사합니다.
   나: 충분히 상을 받을 만하신데 ______________________(으)시네요.
2. 가: 허리가 아파서 병원에 갔더니 수술하고 한 달 동안 입원해야한대. 처음에는 놀라고 당황했는데 이번 기회에 푹 쉰다고 생각하려고.
   나: 이런 상황에서도 너는 정말 ______________________(이)야.
3. 가: 이 식물은 특히 습도와 온도에 예민해서 신경써야 하는 게 많습니다.
   나: 키우기가 ______________________(으)ㄴ 꽃이군요.
4. 가: 어제는 너무 화가 나서 회사를 그만두겠다고 해 버렸어요. 제가 왜 그랬을까요?
   나: 화가 나면 ______________________(으)로 생각을 하기가 힘들죠.
5. 가: 저 소방관이 화재 현장에서 사람을 5명이나 구했대요.
   나: 정말 ______________________(으)ㄴ 분이시네요.
6. 가: 과장님이 내가 실수한 걸 알게 되셨는데 웃으며 용서해 주셨어요.
   나: 과장님이 원래 ______________________(으)시잖아요.

연습 2 〈보기〉에서 알맞은 어휘를 골라 문장을 완성해 보세요.

보기 이기적이다 부끄러움이 많다 다정하다 고집이 세다 외향적이다 변덕스럽다

1. ______________________(으)ㄴ 성격: 당신은 정이 많아 남을 잘 배려하는 사람입니다.
2. ______________________(으)ㄴ 성격: 자신의 이익을 먼저 생각하는 당신, 가끔 남도 배려해 보세요.
3. ______________________(으)ㄴ 성격: 당신은 밝은 성격으로 다른 사람들도 즐겁게 해 줍니다.
4. ______________________(으)ㄴ 성격: 당신은 원하는 것이 매우 자주 바뀌는 사람입니다.
5. ______________________(으)ㄴ 성격: 남이 무슨 말을 해도 당신의 생각은 잘 바뀌지 않습니다.
6. ______________________(으)ㄴ 성격: 당신은 사람들 앞에서 행동하는 것을 어려워하는군요.

문법 1

V/A-았/었어야 했는데

MP3 49

• 과거에 어떤 일을 했거나 어떤 상태였으면 좋았겠다고 생각하며 아쉬움이나 후회를 나타내요.

It expresses regret or a wish that something in the past had been done or had been true.

동사 형용사	ㅏ, ㅗ	-았어야 했는데	보다: 보 + -았어야 했는데 → 봤어야 했는데
	ㅏ, ㅗ X	-었어야 했는데	입다: 입 + -었어야 했는데 → 입었어야 했는데
	-하다	-했어야 했는데	따뜻하다: 따뜻하 + -했어야 했는데 → 따뜻했어야 했는데

1. 코트를 **입었어야 했는데** 얇은 *재킷을 입어서 너무 춥네요.
2. 미안해요. 미리 늦는다고 **말했어야 했는데**…….
3. 옷이 더 **컸어야 했는데** 작아서 움직이기가 불편했다.
4. 돈을 그렇게 많이 **쓰지 말았어야 했는데** 생활비가 다 떨어졌어.

여러분이 후회하는 일을 이야기해 보세요.

보기

어젯밤에 일찍 잤어야 했는데 늦게 잠들어서 늦잠을 자고 말았어요.

1. ______________________

2. ______________________

3. ______________________

연습 1 배운 문법을 사용하여 빈칸을 채워 보세요.

1. 가: 발이 불편해 보이는데 괜찮아요?

나: 구두 *굽이 너무 높아서 발이 아파요. 굽이 낮은 구두를 ______________________…….

2. 가: 오늘 왜 아침을 못 먹었어요?

나: 아침에 ______________________ 늦잠을 자느라 아침을 못 먹었어요.

3. 가: 음식이 다 떨어졌어요.

나: 미안해요. 음식을 충분히 ______________________ 파티에 사람들이 이렇게 많이 올 줄 모르고 조금밖에 만들지 않았어요.

4. 독감에 걸려서 너무 힘들어요. 미리 예방 주사를 ______________________ 후회 중이에요.

5. 교실이 더워서 학생들이 땀을 많이 흘렸다. 교실이 ______________________…….

6. 책이 더 ______________________ 그 아이에게는 너무 어려워서 끝까지 읽지 못했다.

7. 아르바이트를 하다가 부주의로 커피를 쏟았다. ______________________ 주의하지 않은 내 잘못이다.

8. 공부는 안 하고 놀기만 하다가 시험을 망쳤다. ______________________ 후회가 된다.

새 어휘 재킷 Jacket 굽 Heel

문법 2

V-(으)려던 참이다

MP3 50

• 가까운 시간에 어떤 일을 하려고 계획을 하거나 의도를 하고 있었을 때 사용해요.
It is used when the speaker had planned or intended to do something in the near future.

동사	받침 O	-으려던 참이다	먹다: 먹 + -으려던 참이다 → 먹으려던 참이다
	받침 X	-려던 참이다	쉬다: 쉬 + -려던 참이다 → 쉬려던 참이다

1. 운동을 하러 **나가려던 참이었는데** 비가 와서 못 나갔어요.
2. 점심을 **먹으려던 참인데** 식당에 같이 갈래요?
3. 마트에 장보러 **가려던 참인데** 뭐 필요한 거 있어요?
4. 요리를 **배워 보려던 참에** 집 근처에 요리 학원이 있는 걸 알게 됐어요.

Tip!

어떤 행동을 하려고 계획하고 있었는데 다른 사람이 먼저 그것과 같은 것을 하자고 제안했을 때는 '안 그래도, 그렇지 않아도, 마침'과 함께 사용할 때가 많아요.
When someone else suggests the same thing the speaker was already planning, it is often used with "안 그래도, 그렇지 않아도, 마침."

예 가: 밥 먹을래?
나: 안 그래도 식당에 가려던 참이야.

〈보기〉와 같이 친구에게 제안하고 그 제안을 들어주는 대화를 만들어 보세요.

보기
가: 날씨가 좋은데 산책할까요?
나: 그렇지 않아도 지금 산책하러 나가려던 참이에요. 같이 가요.

연습 1 **배운 문법을 사용하여 대화를 완성해 보세요.**

1. 가: 뭐하고 있어요? 배고프지 않아요?

나: 라면을 ______________________인데 같이 먹을래요?

2. 가: 백화점에서 할인 행사를 한다는데 같이 가자.

나: 그렇지 않아도 운동화를 사러 ______________________. 같이 가자.

3. 가: 늦은 시간에 전화해서 미안해요. 지금 잠깐 통화할 수 있어요?

나: 미안하지만 피곤해서 지금 ______________________. 내일 다시 연락주세요.

4. 가: 책을 반납해야 하는데 바빠서 도서관에 못 가고 있어요.

나: 그래요? 저 지금 도서관에 ______________________이니까 제가 반납해 줄게요.

5. 가: 아직 숙제를 안 했어요?

나: 숙제를 ______________________에 친구가 놀러와서 못했어요.

6. 가: 모자를 하나 사야겠어.

나: 잘됐다. 내가 안 쓰는 모자가 있어서 필요한 사람이 있으면 ______________________이었는데, 이 모자 어때? 너한테 잘 어울릴 것 같아.

7. 가: 많이 놀았으니까 책도 좀 읽어.

나: 안 그래도 책을 ______________________.

8. 가: 시간도 늦었고 그만 퇴근할까요?

나: 좋아요. 저도 마침 일을 끝내고 ______________________.

문법 3

V-는 바람에

MP3 51

- 앞 내용으로 인해 부정적인 결과 또는 예상치 못한 결과가 나올 때 사용해요. 주로 부정적인 결과의 원인이나 이유를 나타낼 때 사용해요.
  It shows that a negative or unexpected result occurred due to the previous action or situation.

동사	받침 O	-는 바람에	듣다: 듣 + -는 바람에 → 듣는 바람에
	받침 X		잃어버리다: 잃어버리 + -는 바람에 → 잃어버리는 바람에

1. 알람 시계가 **고장나는 바람에** 늦잠을 잤어요.
2. 휴대폰이 **꺼지는 바람에** 전화할 수 없었어요.
3. 길이 **막히는 바람에** 30분이나 늦고 말았어요.
4. 어제 늦게까지 **노는 바람에** 시험 공부를 못했어요.

다음 그림을 보고 원인과 결과를 이야기해 보세요.

연습 1 〈보기〉에서 알맞은 어휘를 골라 대화를 완성해 보세요.

보기 잃어버리다 불다 먹다 울다 놓고 오다 멈추다 야근하다

1. 가: 무슨 약을 먹어요?

   나: 소화제요. 밥을 급하게 ______________________ *체한 것 같아요.

2. 가: 다리에 왜 상처가 났어요?

   나: 버스가 갑자기 ______________________ 넘어졌어요.

3. 가: 왜 과제를 제출하지 않았어요?

   나: 아침에 서두르다가 과제를 집에 ______________________ 제출을 못했어요.

4. 가: 어제 저녁 모임은 즐거웠어요?

   나: 회사에 급한 일이 생겨서 ______________________ 못 갔어요.

5. 가: 어제 태풍으로 인한 피해가 많았대요. 이리나 씨 집은 괜찮아요?

   나: 바람이 강하게 ______________________ *유리창이 깨졌어요.

6. 가: 졸려 보이네요. 밤에 잠을 못 잤어요?

   나: 네, 아이가 밤새 ______________________ 잠을 못 잤거든요.

7. 가: 아무것도 안 샀다고요? 마음에 드는 게 없었어요?

   나: 아니요. 길에서 신용카드를 ______________________ 살 수가 없었어요.

새 어휘 체하다 To have indigestion 유리창 Glass window

말하기

MP3 52

야오밍: 아까 발표 때문에 기분이 좀 안 좋아 보이는데 이야기 좀 할까?

이리나: 그래. 안 그래도 너한테 갑자기 발표 순서를 바꾼 이유에 대해 물어보려던 참이야.

야오밍: 아, 내가 팀원들과 미리 *의논했어야 했는데 갑자기 일이 생겨서 말할 시간이 없었어. 당황스러웠지?

이리나: 미리 말해 줬으면 좋았을 텐데……. 사실은 지난주에 발표 주제를 바꾸자고 한 것도 나한텐 조금 변덕스럽게 느껴졌어.

야오밍: 미리 말 못해서 정말 미안해. 내가 자료를 모으다 보니 이 주제에 맞는 자료가 부족하더라고.

이리나: 그런 점은 이해하지만 주제가 바뀌는 바람에 팀원들 모두 너무 고생했어. 하지만 지난주에 너에게 화낸 건 미안해. 나도 사과할게.

야오밍: 아니야. 내가 좀 고집이 세고 이기적인 면도 있어. 다들 힘들었겠구나. 다시 한번 미안해.

이리나: 괜찮아. 너도 우리 발표를 위해 그렇게 했겠지. 넌 이성적인 편이잖아.

야오밍: 이해해 줘서 고마워.

이리나: 이렇게 오해를 푸니까 마음이 가볍다. 발표도 끝났는데 점심이나 먹으러 갈까?

연습 1 **대화를 듣고 질문에 대답해 보세요.**

1. 이리나는 왜 발표 후에 기분이 안 좋았습니까?

2. 야오밍은 왜 발표 주제를 바꿨습니까?

3. 이리나는 야오밍에게 무엇을 사과했습니까?

4. 야오밍과 오해를 푼 후 이리나의 기분은 어떻습니까?

연습 2 아래 어휘를 사용하여 친구와 대화 연습을 해 보세요.

물어보다 팀원들과 미리 의논하다 주제가 바뀌다 오해를 풀다	대화 하자고 하다 팀원들의 의견을 듣다 짧은 시간에 큰 변화가 생기다 *속마음을 이야기하다	설명해 달라고 하다 팀원들의 동의부터 얻다 새로 준비해야 하다 솔직하게 대화를 나누다

연습 3 성격 테스트를 하고 친구와 이야기해 보세요.

1) 친구에게 본인의 성격에 대해서 이야기해 보세요.

2) 아래 성격 테스트를 해 보고 활동 카드 217P에서 결과를 확인해보세요. 그리고 나의 성격과 맞는지 비교해 보세요.

1. 만약 동물이 될 수 있다면 어떤 동물이 되고 싶습니까?

a. 용감하고 힘이 센 사자 b. 귀엽고 똑똑한 고양이
c. 자유롭게 다니는 새 d. 크고 머리가 좋은 *코끼리

2. 여러분은 어떤 색깔을 좋아합니까?

a. *열정의 빨간색 b. 안정적인 파란색
c. 긍정적인 노란색 d. 균형 있는 초록색

3. 시간이 있다면 무엇을 하겠습니까?

a. 무서운 놀이기구 타기 b. 조용한 커피숍에서 독서하기
c. 친구와 공원에서 운동하기 d. 새로운 장소를 여행하기

4. 여러분이 가지고 싶은 능력은 무엇입니까?

a. 어디든지 지금 바로 갈 수 있는 능력 b. 과거와 미래의 일을 볼 수 있는 능력
c. 다른 사람의 마음을 읽을 수 있는 능력 d. 하늘을 마음대로 날아다닐 수 있는 능력

새 어휘 의논하다 To discuss 속마음 True feelings / Inner thoughts 코끼리 Elephant 열정 Passion

듣기

준비 어떤 태도가 상대방에게 좋은 인상을 주는지 이야기해 보세요.

연습 1 잘 듣고 맞으면 O, 틀리면 X 표시해 보세요. MP3 53

1. 여자는 겸손하게 행동하지 않는 편이다. O X
2. 남자는 책에서 본 정보로 여자에게 조언을 하고 있다. O X
3. 남자는 성격이 활발하고 여자는 내성적이다. O X
4. 남자와 여자는 긍정적으로 생각하는 게 중요하다고 생각한다. O X
5. 남자는 좋은 인상을 주는 법에 대해 이야기하고 있다. O X

연습 2 다시 한 번 듣고 질문에 맞는 답을 해 보세요. MP3 54

1. 남자는 왜 지나치게 겸손한 태도가 좋지 않을 수도 있다고 생각합니까?

____

____

2. 여자는 대화 후에 무엇을 할 생각입니까?

____

연습 3 잘 듣고 빈칸을 채워 보세요. MP3 55

1. 나도 어렸을 때 누군가에게 잘 보이려고 ______________________________
오히려 상대방을 *어색하게 만든 적이 있거든.

2. 그래서 사람들과 잘 지내려고 더 겸손한 태도로 사람들을 대한 건데 ______________
______________________________.

3. 우선 ______________________________ 중요하대.

4. 마침 대화의 기술에 대한 책을 사러 ______________________________
같이 갈래?

새 어휘 어색하다 To be awkward

읽기

MP3 56

한국 사람들은 성격이 급하다는 이야기를 자주 듣곤 한다. 한국 사람들의 급한 성격이 만든 문화를 '빨리빨리 문화'라고 부르기도 한다. 그렇다면 한국인의 급한 성격과 빨리빨리 문화는 어떻게 *생겨난 것일까?

1950년 한국 *전쟁이 나는 바람에 한국은 세계에서 가장 가난한 나라 중 하나가 되었다. 그 후 한국은 가난에서 빨리 벗어나기 위해 1960년대부터 경제 개발에 집중하기 시작하였다. 경제를 빠르게 성장시키려면 짧은 시간 안에 많은 물건을 만들어야 했고, 일을 빨리 처리하는 것이 중요했다. 이런 상황에서 사람들은 속도를 우선하는 태도를 자연스럽게 갖게 되었고, 한국 경제는 짧은 기간에 빠르게 성장할 수 있었다.

빨리빨리 문화는 지금도 한국 사회 곳곳에서 쉽게 찾아볼 수 있다. 한국의 인터넷 속도는 세계에서 가장 빠른 수준이고, 배송 서비스 역시 주문 후 짧은 시간 안에 물건이 도착한다. A/S 서비스도 매우 빠르게 이루어지는데, 이것 또한 빨리빨리 문화의 긍정적인 영향이라고 할 수 있다.

하지만 빨리빨리 문화에는 부정적인 면도 있다. 속도뿐 아니라 여유도 중요한 *가치인데, 그 여유를 소중하게 생각하지 못하는 경우가 많다. 빨리 업무 성과를 내야 한다는 부담으로 스트레스를 받는 바람에 직장 생활이 힘들어지는 사람들도 있다. 때로는 급하게 일을 처리하는 바람에 실수가 생기기도 한다.

최근 한국 사회는 속도와 여유의 균형을 찾으려는 방향으로 조금씩 변화하고 있다. 앞으로 빨리빨리 문화가 어떻게 변해 갈지 궁금하다.

새 어휘 생겨나다 To arise 전쟁이 나다 To break out a war 가치 Value 구매하다 To purchase

연습 1 글을 읽고 질문에 대답해 보세요.

1. 1960년대 한국 경제를 빠르게 성장시키기 위해 무엇이 중요했습니다까?

2. 빨리빨리 문화의 긍정적인 부분은 '긍', 부정적인 부분은 '부'라고 쓰세요.

1) 한국의 인터넷 속도가 빠르다. ( )

2) 회사에서 빨리 성과를 내야 해서 스트레스를 받는다. ( )

3) 급하게 일을 처리를 해서 실수가 생긴다. ( )

4) 물건을 *구매하면 배송을 빨리 해 준다. ( )

위에서 읽은 내용 외에 한국의 빨리빨리 문화를 보여주는 예로 어떤 것이 있는지 이야기해 보세요.

쓰기

여러분이 닮고 싶은 성격의 인물에 대해 써 보세요.

※190P에 '(느)ㄴ다'를 사용하여 300~400자의 글로 완성해 보세요.

1. 여러분이 닮고 싶은 사람은 누구입니까? 소개해 보세요.

2. 여러분은 그 사람의 어떤 성격을 닮고 싶습니까? 왜 그렇습니까?

3. 그 사람의 성격을 닮아가려면 어떤 노력을 해야 한다고 생각합니까?

접두사

MP3 57

풋-

풋사과

풋고추

풋감

불-

불친절하다

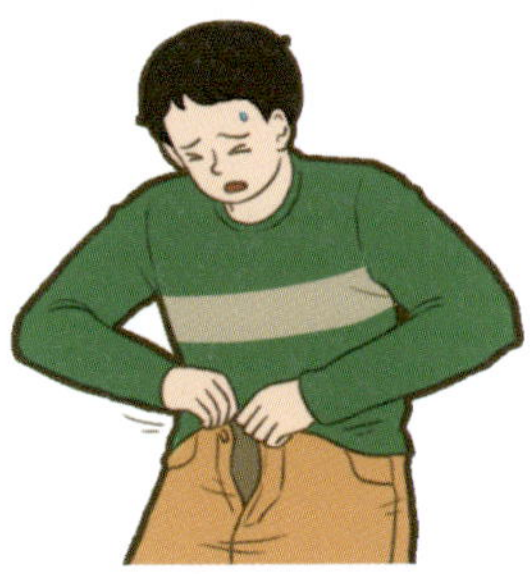

불편하다

불확실하다

무-

무관심

무표정

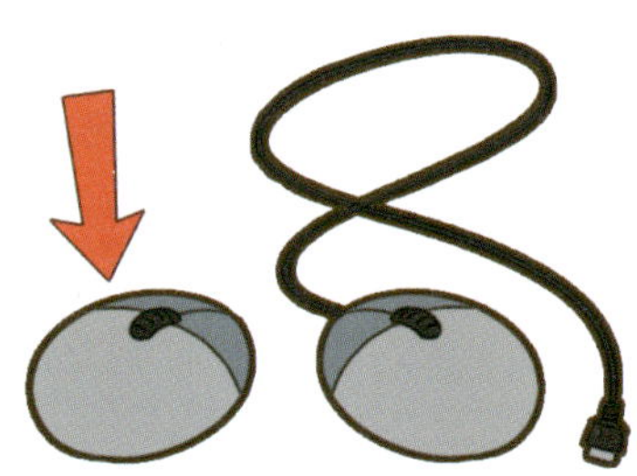

무선

연습 1 다음 접두사와 어울리는 의미를 찾아 연결해 보세요.

1. 풋– •	• **a.** 그렇지 않다
2. 불– •	• **b.** 무엇이 없다
3. 무– •	• **c.** 덜 익다

연습 2 다음 상황과 어울리는 어휘를 넣어 문장을 완성해 보세요.

1. 나에게 ______________________한 남자 친구 때문에 서운해요.

전화도 안 하고 내 생일도 몰라요.

2. 저는 빨간색 고추보다 초록색 ______________________을/를 좋아해요.

3. 저 가게는 직원들이 ______________________아/어서 가고 싶지 않아요.

4. ______________________ *이어폰은 음악을 들으면서 움직이기 편해요.

5. 두 사람이 사귄 지 얼마 안 돼서 결혼을 할지는 아직 ______________________.

6. 이 감은 아직 ______________________(이)라서 못 먹어요. 주황색으로 익으면 드세요.

위의 접두사를 사용한 단어로 또 무엇이 있는지 이야기해 보세요.

새 어휘 이어폰 Earphones

7과 요즘은 일과 삶의 균형을 찾으려는 사람들이 많다.

여러분 나라의 직장 문화에 대해 이야기해 보세요.

어휘와 표현	직장 문화
문법	V/A-고도
	V/A-기에
	V-(으)ㄴ 채로
말하기	직장에서의 점심 문화가 많이 변했다고 생각해요.
듣기	요즘은 회식 분위기가 많이 달라졌다고 들었습니다.
읽기	일과 삶의 균형을 찾는 방법
쓰기	여러분이 바라는 직장 문화를 써 보세요.

어휘와 표현

직장 문화 Workplace culture

MP3 58

보고서를 작성하다
To write a report

목표를 세우다
To set a goal

의견을 조율하다
To coordinate opinions

팀을 이끌다
To lead a team

회의를 열다
To hold a meeting

삶과 일의 균형을 찾다
To find balance between life and work

리더십
Leadership

인재
Capable person

근무 환경
Work environment

협력하다
To cooperate

시간을 효율적으로 활용하다
To use time efficiently

성과를 올리다
To achieve results

리더십이 꼭 필요한 일은 무엇일까요?

여러분이 원하는 근무 환경은 어떤 것입니까?

연습 1 〈보기〉에서 알맞은 어휘를 골라 써 보세요.

보기

삶과 일의 균형을 찾다　　인재　　근무 환경　　리더십　　성과를 올리다

1. 가: 축구 감독에게 필요한 것은 무엇입니까?
   나: 선수들을 이끌어 갈 수 있는 ______________________(이)지요.
2. 가: 사장님은 어떤 ______________________을/를 뽑고 싶으신가요?
   나: 저는 이해가 빠르고 긍정적인 사람을 좋아합니다.
3. 가: 요즘 왜 그렇게 일에 *열중하는 거야?
   나: 이번 일에서 큰 ______________________(으)면 승진할 수 있거든.
4. 가: 회사에 취직하고 나서 개인적인 시간이 없어졌어.
   나: ______________________지 못하면 금방 지치고 말 거야.
5. 가: 네가 다니는 회사의 ______________________은/는 어때?
   나: 좋아. 야근도 거의 없고 연봉도 높아.

연습 2 〈보기〉에서 알맞은 어휘를 골라 글을 완성해 보세요.

보기

의견을 조율하다　　협력하다　　회의를 열다　　팀을 이끌다　　목표를 세우다　　보고서를 작성하다

〈박 *팀장의 회사에서의 하루〉

9:00 출근을 하면 오늘은 무엇을 할지 하루의 **1.** ________________.

9:30 *팀원들과 함께 아침 **2.** ________________. 직원들 사이의 의견이 다를 때는 박 팀장이 **3.** ________________.

10:30 부하 직원에게 회의한 결과에 대한 **4.** ________________게 한다.

1:00 박 팀장의 회사와 **5.** ________________는 다른 회사의 담당자와 만나 공동 *프로젝트에 대해 의논한다.

6:30 회식이 있는 날은 박 팀장에게 중요한 날이다. **6.** ________________고 있는 박 팀장이 팀원들의 생각과 어려움을 들을 수 있는 자리이기 때문이다. 그래서 박 팀장은 회식에서 팀원들의 이야기를 열심히 듣는다.

새 어휘 열중하다 To be absorbed in　　팀장 Team leader　　팀원 Team member　　프로젝트 Project

문법 1

V/A-고도

MP3 59

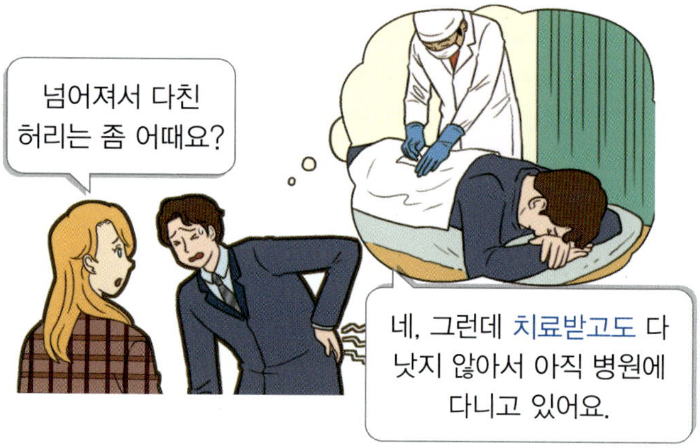

- 앞 내용과 반대되거나 또 다른 특성이 있음을 나타낼 때 사용해요.

  It expresses contrast or an additional characteristic compared to the previous clause.

동사 형용사	받침 O	-고도	먹다: 먹 + -고도 → 먹고도
	받침 X		보다: 보 + -고도 → 보고도

1. 흐엉 씨가 밥을 많이 **먹고도** 배고프다면서 빵을 먹고 있어요.
2. 빈슨 씨가 저를 **보고도** 인사를 하지 않아서 속상했어요.
3. 부장님은 술을 많이 **드시고도** 실수한 적이 없으시대요.
4. 그 카페는 **예쁘고도** 조용해서 혼자 시간을 보내기 좋은 곳이다.

Tip!

보통 앞 절에 동사가 나오면 뒤에 상반되는 의미를 지니고, 형용사가 나오면 상반되거나 또 다른 내용을 덧붙이는 의미를 가져요.

If the previous clause contains a verb, the following clause has an opposite meaning; if it contains an adjective, the following adds a contrasting or additional meaning.

예 동생은 대학교를 졸업하고도 취직을 못 했다. (O)
이 영화는 재미있고도 감동적이다. (O)

친구와 이야기해 보세요.

1. 어떤 사실을 알고도 모르는 척한 적이 있습니까? 왜 그랬습니까?

2. 보고도 못 본 척해야 하는 일은 무엇일까요?

3. 사 놓고도 사용하지 않은 물건이 있습니까? 왜 사용하지 않았습니까?

4. 친구가 메시지를 읽고도 답장하지 않으면 어떻게 하겠습니까?

연습 1 〈보기〉에서 알맞은 어휘를 골라 대화를 완성해 보세요.

보기						
예쁘다	따뜻하다	슬프다	혼이 나다	입다	그림 같다	다녀오다

1. 가: 동생은 지금도 학교에 자주 늦어요?

나: 네. 어머니께 ______________________ 버릇을 못 고치더라고요.

2. 가: 지난 주말에 강릉으로 여행을 다녀왔어요. 즐거웠지만 월요일이 되니까 너무 피곤하네요.

나: 여행을 ______________________ 피곤하다면, 푹 쉬어야할 것 같네요.

3. 가: 친구 아들 돌 선물로 이 운동화를 샀어요. 좋아할까요?

나: 운동화가 ______________________ 귀여워서 친구가 좋아하겠어요.

4. 가: 여기가 옛날에 한국 왕이 살던 곳이래요.

나: 그래요? 주변의 경치가 ______________________ 조용한 곳이네요. 자연 환경과도 잘 어울리는 것 같아요.

5. 가: 오늘 뭐 할까?

나: 오늘은 날씨가 ______________________ 맑아서 운동하기에 딱 좋은 거 같아. 같이 운동하러 가자!

6. 가: 어제 영화는 잘 봤어요?

나: 네, 영화가 ______________________ 웃겨서 *울다가 웃다가 했어요.

7. 가: 동생이 내 옷을 몰래 ______________________ 안 입은 척하는데 어떡하지?

나: 화낼까 봐 그랬겠지. 너무 뭐라고 하지 마.

새 어휘 인테리어 Interior design　　울다가 웃다가 하다 To cry and laugh (to go through ups and downs)

문법 2

V/A-기에

MP3 60

• 어떤 일의 원인이나 근거를 나타낼 때 사용해요. 주로 발표, 면접 등 격식적인 말하기나 글에서 쓰여요.
It indicates the cause or basis of something, and is mainly used in formal speech or writing such as presentations or interviews.

동사 형용사	받침 O	-기에	찾다: 찾 + -기에 → 찾기에
	받침 X		유명하다: 유명하 + -기에 → 유명하기에

1. 사람들이 잃어버린 아이를 **찾기에** 저도 함께 찾았습니다.
2. 평창은 스키장이 **유명하기에** 겨울마다 사람들이 많이 찾는 곳이다.
3. 오랜만에 만난 친구의 모습이 많이 **달라졌기에** 알아보기 힘들었다.
4. 그는 저의 가장 친한 **친구이기에** 저는 그의 말을 믿습니다.

빈칸을 넣어서 문장을 만들어 보세요.

보기
날씨가 따뜻하기에 공원으로 산책을 나갔습니다.

1. 친구의 생일이기에 ______________________.

2. 선생님이 ______________________ 뵙지 못했습니다.

3. 동생이 ______________________ 제가 축하해 주었습니다.

4. 친구가 할 일이 너무 많다고 하기에 ______________________.

연습 1 〈보기〉에서 알맞은 어휘를 골라 빈칸을 채워 보세요.

보기						
볼 수 있다	덥다	경찰이다	피다	궁금해하다	오해하고 있다	부탁하다

1. 날씨가 ______________________ 에어컨을 켜 놓았다.

2. 친구가 한 번만 도와달라고 ______________________ 거절할 수가 없었다.

3. 집에 오다가 꽃이 예쁘게 ______________________ 사진을 한 장 찍었다.

4. 많은 분들이 제 합격의 비결을 ______________________ 오늘 몇 가지 공부 방법을 말씀드리고자 합니다.

5. 가: 전주는 매년 *수많은 관광객이 찾는 곳인데요, 어떤 매력이 있습니까?

   나: 전주는 음식도 맛있고 옛날에 지어진 건물들도 ______________________ 많은 분들이 찾아주시는 것 같습니다.

6. 가: 아버지께서 경찰로서 가장 중요하게 생각하시는 것은 무엇입니까?

   나: 아버지는 ______________________ 시민들의 안전을 지키는 것을 우선으로 생각하고 있습니다.

7. 가: 김민수 사장님이 이번 사건에 관련되어 있다는 소문이 사실입니까?

   나: 아닙니다. 여러분들이 그렇게 저를 ______________________ 그건 사실이 아니라는 것을 밝히고자 오늘 이 자리에 나왔습니다.

새 어휘 수많다 Countless/Numerous

문법 3

V-(으)ㄴ 채로

MP3 61

• 어떤 행위를 한 상태 그대로 있음을 나타낼 때 사용해요.
It indicates remaining in the same state after performing an action.

동사	받침 O	-은 채로	젖다: 젖 + -은 채로 ➞ 젖은 채로
	받침 X	-ㄴ 채로	못하다: 못하 + -ㄴ 채로 ➞ 못한 채로

1. 우산이 없어서 옷이 다 *젖은 채로 집에 돌아왔다.
2. *물을 틀어 놓은 채로 설거지를 하면 물이 낭비되잖아요.
3. 시간이 부족해서 시험 문제를 다 풀지 못한 채 제출했어요.
4. 눈을 감은 채로 음악을 들으면 스트레스가 풀리더라고요.

친구와 이야기해 보세요.

1. 식사 중에 이야기할 때 무엇을 조심해야 합니까?

2. 한국에서 신발을 신고 집에 들어가도 됩니까?

3. 어떻게 자면 감기에 걸릴 수 있을까요?

연습 1 다음 그림을 보고 대화를 완성해 보세요.

1. 

가: 어제 충분히 잤어요?

나: 네. 너무 피곤해서 *외출복을 ______________________ 잤어요.

2. 

가: 휴대폰이 없다더니 찾았어요?

나: 네. 제가 손에 휴대폰을 ______________________ 찾고 있더라고요.
하하하.

3. 

가: 강아지를 가방에 ______________________ 기차를 타시면 안 됩니다.

나: 아, 죄송합니다. 지금 가방에 넣을게요.

4. 

가: 선풍기 바람이 안 나오네. 고장이 났나?

나: 선풍기 선을 ______________________ 켜니까 안 나오지.
선을 꽂으면 나올 거야.

5. 

가: 아, 깜빡하고 ______________________ 수영장에 들어가 버렸네.

나: 그래서 안경이 다 젖었구나.

6. 

가: 급하게 나오느라 에어컨을 ______________________ 왔어요.

나: 뭐라고요? 그럼 빨리 집으로 돌아가세요.

7. 

가: *흙길인데 맨발로 걸으려고요?

나: 네. 저는 가끔 신발을 ______________________ 걸어요.
흙을 밟는 느낌이 좋거든요.

새 어휘 물을 틀다 To turn on the water 젖다 To get wet 외출복 Going-out clothes/Outfit 흙길 Dirt road

말하기

MP3 62

유 코: 우리가 신입 사원이었을 때와 다르게 요즘은 점심시간에 팀원들이 다 같이 밥 먹으러 가지 않는 회사가 많지요?

제임스: 네. 저희 팀도 같이 갈 때도 있지만 각자 먹고 싶은 걸 먹으러 갈 때가 많아요.

유 코: 저는 조용히 밥 먹는 걸 좋아해서 혼자 밥 먹으러 가기도 해요. 시간이 남으면 근처 공원을 산책하는 것도 좋아하고요. 그러고 보니 요즘은 점심시간에 취미 생활을 하거나 뭘 배우는 사람들이 많더라고요.

제임스: 맞아요. 우리 팀에는 점심을 간단히 먹고 헬스장에 가서 운동을 하는 사람도 있고 회사에 그대로 남은 채로 온라인으로 영어 수업을 듣는 사람도 있어요. 저는 여유롭게 점심을 먹는 것도 좋지만 시간을 효율적으로 활용하는 것도 좋다고 생각해요.

유 코: 전에는 점심시간도 회사 일의 일부라고 인식하는 사람들이 많았지요. 그런데 점심시간은 회사원 각자의 개인적인 시간이라고 인식이 바뀌었기에 직장에서의 점심 문화가 많이 변했다고 생각해요. 요즘은 점심시간이 너무 기다려진다는 사람들이 많아요.

제임스: 저는 점심시간을 활용하는 것이 좋겠다고 스스로 느끼고도 아무것도 하지 않았는데 내일부터는 점심시간에 책을 읽어야겠어요.

연습 1 **대화를 듣고 질문에 대답해 보세요.**

1. 예전의 점심 문화는 '가', 요즘의 점심 문화는 '나'라고 쓰세요.

1) 팀원들이 주로 함께 점심을 먹는다. ( )

2) 점심시간을 활용해 취미 생활을 한다. ( )

3) 회사에 남아서 온라인 수업을 듣는다. ( )

4) 점심시간도 회사 일의 일부로 생각한다. ( )

2. 유코는 점심 문화가 무엇 때문에 변했다고 생각합니까?

3. 제임스는 점심시간을 어떻게 활용할 계획입니까?

연습 2 아래 어휘를 사용하여 친구와 대화 연습을 해 보세요.

신입사원이었다 회사에 그대로 남다 인식이 바뀌었다 스스로 느끼다	처음 회사에 다녔다 식당에 가지 않다 생각이 달라졌다 사람들에게 말하다	사회 생활을 시작했다 자기 자리에 앉다 보는 사람이 늘었다 사람들에게 권하다

연습 3 다음 상황 중 하나를 골라서 어울리는 대화를 만들어 보세요.

1

나는 신입 사원인데 실수를 자주 해서 혼이 날 때가 적지 않다. 실수를 하지 않으려고 신경을 쓰지만 긴장을 해서 그런지 조심을 하고도 실수가 줄지 않는다. 그래서 직장 상사에게 실수를 줄이는 방법과 실수를 한 후의 대처 방법에 대한 조언을 구하고 있다.

2

이번에 새로 들어온 신입 사원이 실수를 자주 한다. 친절하게 알려주려고 하지만 같은 실수가 반복이 되기에 정말 스트레스를 받는다. 그래서 동료에게 신입 사원에게 어떻게 해야 할지, 어떻게 해야 스트레스를 덜 받을지에 대한 조언을 구하고 있다.

과장님, 제가 고민이 있는데 조언 좀 해 주실 수 있을까요?

그래요? 고민이 뭔데요?

과장님도 아시다시피 제가 실수를 자주 해요. 저도 신경을 많이 쓰고 있는데 실수가 줄지 않아요. 어제도 기계의 전원을 끄지 않은 채 퇴근해서 혼이 났어요....

듣기

준비 한국의 회식 문화에 대해 알고 있습니까?

연습 1 잘 듣고 맞으면 O, 틀리면 X 표시해 보세요. MP3 63

1. 예전에는 회식 때 늦게까지 술을 많이 마시는 편이었다. O X

2. 예전에는 회식 장소를 팀원들이 같이 정했다. O X

3. 요즘은 회식에서 아무도 술을 마시지 않는다. O X

4. 아직 달라진 회식 문화가 어색한 사람들이 많다. O X

5. 남자는 회식의 본래 의미를 기억해야 한다고 생각한다. O X

연습 2 다시 한 번 듣고 질문에 맞는 답을 해 보세요. MP3 64

1. 요즘 회식에서 하는 것으로 예를 든 활동을 써 보십시오.

1) ______________________________

2) ______________________________

2. 남자는 달라진 회식 문화에서 어떻게 팀원들이 더 빨리 가까워질 수 있다고 했습니까?

____

연습 3 잘 듣고 빈칸을 채워 보세요. MP3 65

1. 예전에는 1차에서 ______________________________ 2차, 3차까지 술을 마시러 가는 일도 종종 있었습니다.

2. 그래서 회식하는 날은 ______________________________ 다음 날 출근하기가 너무 힘들었습니다.

3. 또 회식 후에 집에 가면 ______________________________ 잔 적도 많았습니다.

4. 회식은 팀원들끼리 서로의 ______________________________ 자리라는 본래의 의미를 잊지 않았으면 좋겠습니다.

새 어휘 N차 Nth round 눈치를 주다 To give someone a (subtle) hint

MP3 66

일과 삶의 균형을 찾는 방법

우리의 삶에서 중요한 것은 무엇일까? 나의 꿈을 찾아가는 일도 중요하고 내 삶을 *풍요롭게 해 주는 여가 시간도 중요하다. 이 *두 마리 토끼를 모두 잡기 위해서 필요한 것은 균형이다. *즉, 우리는 삶과 일의 균형을 찾아야 한다.

(ㄱ) 이것은 말처럼 쉽지 않은데 무엇보다 시간을 효율적으로 활용하는 것이 중요하다. 정해진 시간 안에 모든 일을 할 수는 없기에 목표를 세우고 꼭 해야 하는 일부터 순서를 정해서 하는 습관이 필요하다. 가장 급하고 중요한 일부터 하는 것이다.

또한 *휴식을 취하든지 일을 하든지 정해진 시간에 집중해야 한다. 퇴근 후 친구와의 모임에서도 손에서 휴대폰을 놓지 못한 채로 업무 이메일을 확인하는 사람은 제대로 된 휴식을 취하지 못하게 된다. 회사에 출근을 하고도 주말 여행을 생각하느라 일에 집중을 못하는 경우도 마찬가지이다. 주어진 시간에 집중하면 적은 시간으로도 더 큰 만족을 느끼고 높은 성과를 올릴 수 있다.

요즘은 일과 삶의 균형을 찾으려는 사람들이 많다. *진정한 일과 삶의 균형을 위해서는 자신이 원하는 것을 알고 그것을 *향해 *나아가려는 노력이 필요하다.

새 어휘
풍요롭다 To enrich(fulfilling)　두 마리 토끼를 잡다 To catch two rabbits once (to achieve two goals at once)　즉 That is
휴식을 취하다 To take a rest　진정한 True / Authentic　향하다 To head toward　나아가다 To move forward

연습 1 글을 읽고 질문에 대답해 보세요.

1. (ㄱ)에 들어갈 말로 알맞은 것을 고르십시오.

① 그러나　　② 그래서　　③ 그리고　　④ 그러면

2. 적은 시간으로 큰 만족을 느낄 수 있는 방법은 무엇입니까?

____

3. 일을 할 때는 어떤 일부터 하는 것이 좋습니까?

____

여러분은 일이나 공부가 끝난 후의 시간을 어떻게 보내고 싶은지 이야기해 보세요.

쓰기

다음 세 가지 주제 중 하나를 골라 여러분이 바라는 직장 문화를 써 보세요.

※191P에 '(느)ㄴ다'를 사용하여 300~400자의 글로 완성해 보세요.

회식　　회의　　점심시간

1. 여러분 나라의 직장 문화는 어떻습니까?
   (여러분이 고른 주제에 대해 쓰십시오.)
2. 그것의 좋은 점과 나쁜 점은 무엇입니까?
3. 여러분은 직장 문화가 어떻게 달라지기를 바랍니까? 그 이유는 무엇입니까?

8과 학교는 공부뿐 아니라 사회성을 배우는 곳이기도 합니다.

여러분도 어렸을 때 학원에 다닌 적이 있어요?

어휘와 표현	한국의 교육
문법	V/A-(느)ㄴ다니/다니
	V-기만 하면
	V/A-는/(으)ㄴ 셈이다
말하기	오늘은 한국의 공교육과 사교육에 대해 이야기해 보겠습니다.
듣기	한국이 발전하기 위해서는 교육을 받은 인재들이 필요했다.
읽기	한국의 대학 입시 제도
쓰기	아이를 교육하는 올바른 방법에 대한 자신의 생각을 써 보세요.
한국어 더하기	수량과 단위

어휘와 표현

한국의 교육 Education in Korea

MP3 67

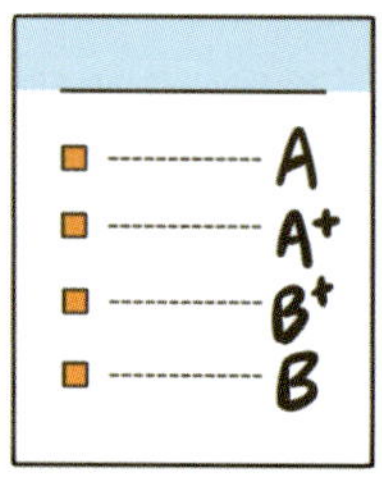

성적표
Report card

우등생
Honor student

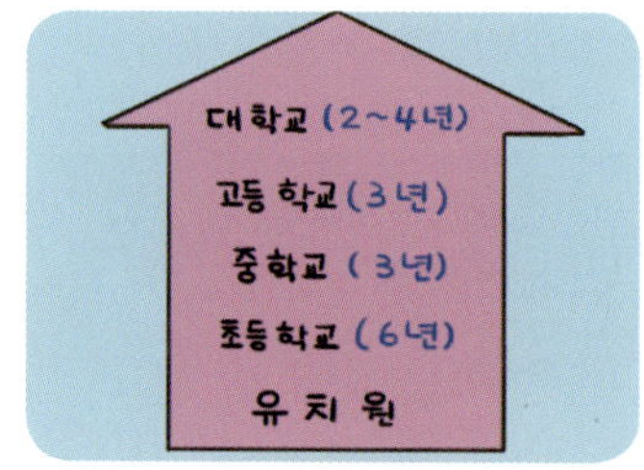

교육 제도
Education system

교육열이 높다
To have strong enthusiasm for education

경쟁이 심하다
To have intense competition

비판적으로 사고하다
To think critically

공평한 기회를 얻다
To gain equal opportunity

입시를 치르다
To take an entrance exam

사회성을 배우다
To learn social skills

고학력
High academic background

공교육/사교육
Public education / Private education

고향에서는 대학교 입시를 치르기 위해 어떤 준비를 합니까?

사교육이 왜 필요하다고 생각합니까?

연습 1 〈보기〉에서 알맞은 어휘를 골라 문장을 완성해 보세요.

보기		
성적표	우등생	교육 제도
비판적으로 사고하다	공평한 기회를 얻다	고학력

1. 한국의 ______________________ 은/는 초등학교 6년, 중학교 3년, 고등학교 3년으로 되어 있다.

2. 무조건 남의 말을 따르기보다 그것이 옳은 일인지 아닌지 ______________________ 는 습관이 필요하다.

3. 교육의 기회가 넓어지면서 대학교, 대학원을 졸업한 ______________________ 의 사람들이 늘고 있다.

4. 우리 학교는 실력이 좋은 ______________________ 에게 상과 상품을 주고 있다.

5. 시험 점수가 좋지 않아 ______________________ 을/를 부모님께 보여드릴까 말까 망설이고 있다.

6. 우리 회사는 *성별이나 나이, 학력과 *상관없이 실력만 있으면 모든 지원자가 ______________________ (으)ㄹ 수 있는 곳입니다.

연습 2 〈보기〉에서 알맞은 어휘를 골라 글을 완성해 보세요.

보기				
교육열이 높다	경쟁이 심하다	입시를 치르다	사교육	사회성을 배우다

가: 옆집 아이는 중학생인데 학교가 끝나고도 **1.** ________________ 을/를 받느라 밤에 집에 와.

나: 그래? 부모님이 **2.** ________________ (으)신가 보네. 좋은 고등학교에 들어가기 위해서 중학생 때부터 **3.** ________________ (으)ㄹ 준비를 하는 중학생들이 많다고 들었어.

가: 그렇구나. 모두 좋은 학교에 가려고 하니 **4.** ________________ 아/어질 수밖에 없겠어.

나: 그렇지. 많이 배우는 건 좋은 일이지만 너무 공부하라고 하면 스트레스를 받을 것 같아. 그땐 진정한 친구 관계를 맺고 **5.** ________________ 는 것도 중요한데.

가: 맞아. 공부를 잘하는 사람보다 다른 사람들과 잘 지내고 올바른 사람이 되는 게 더 중요해.

새 어휘 성별 Gender 상관없이 Regardless of

V/A-(느)ㄴ다니/다니

MP3 68

- 뜻밖의 사실에 놀라거나 믿을 수 없을 때, 감탄할 때 사용해요.
  It is used when expressing surprise, disbelief, or admiration at an unexpected fact.

동사	받침 O	-는다니	받다: 받 + -는다니 ➡ 받는다니
	받침 X	-ㄴ다니	오다: 오 + -ㄴ다니 ➡ 온다니
형용사	받침 O	-다니	많다: 많 + -다니 ➡ 많다니
	받침 X		크다: 크 + -다니 ➡ 크다니

1. 지금 밖에 눈이 내리고 있다고요? 4월인데 눈이 **온다니** 믿을 수 없네요.
2. 평일 오전인데 백화점에 사람이 이렇게 **많다니** 무슨 일이지요?
3. 거의 다 이긴 경기인데 마지막 한 *골 때문에 **지다니요**!
4. 아이가 벌써 **고등학생이라니요**? 언제 우리 아이가 이렇게 컸는지 모르겠어요.

Tip!

간접화법의 형태(-라니요, 자니요...)로 사용할 수 있어요.
It can appear in indirect speech forms such as "-라니요, -자니요."

예 가: 내일 여행을 갑시다.
나: 이렇게 일이 많은데 여행을 가자니요.

다음 그림을 보고 친구와 대화를 해 보세요.

보기

가: 이 아이는 기타를 칠 수 있어요.
나: 네? 아이가 기타를 치다니 정말 놀랍네요. 아직 어려서 혼자 연습하기도 어려워보이는데요.

연습 1 배운 문법을 사용하여 대화를 완성해 보세요.

1. 가: 오늘 결혼식에 가는데 이렇게 입고 가도 되겠지요?

   나: 결혼식에 가는데 운동복을 ______________________! 얼른 다른 옷으로 갈아입고 오세요.

2. 가: 노트북을 버리려고 하는데 어떻게 버리는지 알아?

   나: 아직 사용할 만한데 ______________________ 말도 안 돼. 버릴 거면 내가 가져갈게.

3. 가: 영수 씨가 오늘 회의가 있는 걸 몰랐대요.

   나: 그걸 ______________________! 제가 어제도 두 번이나 말했는데요.

4. 가: 너무 춥다. 코트라도 꺼내 입어야겠어.

   나: 기온이 20도인데 ______________________ 어디 아픈 거 아니야?

5. 가: 이리나 씨에게 생일 파티를 준비하고 있다고 말했어요.

   나: 이리나 씨에게 그걸 ______________________! 내가 깜짝파티라고 했잖아요.

6. 가: 이제 그만 퇴근하세요.

   나: 네? 아직 1시간이나 남았는데 벌써 ______________________ 무슨 일이에요?

7. 가: 음식이 조금 짠 것 같은데요.

   나: 음식이 ______________________! 소금을 아주 조금밖에 넣지 않았는데요.

8. 가: 저분이 우리 아버지세요.

   나: 저렇게 젊어 보이시는데 ______________________!

새 어휘 골 Goal

문법 2

V-기만 하면

MP3 69

• 동일한 조건에서 항상 같은 결과나 상태가 반복됨을 나타낼 때 사용해요.
It indicates that the same result or state always occurs repeatedly under the same conditions.

동사	받침 O	-기만 하면	앉다: 앉 + -기만 하면 ➞ 앉기만 하면
	받침 X		쓰다: 쓰 + -기만 하면 ➞ 쓰기만 하면

1. 저는 책상 앞에 **앉기만 하면** 졸립니다.
2. 휴가철이 **되기만 하면** 많은 사람들로 해수욕장이 붐빈다.
3. 아버지가 사 주신 모자를 **쓰기만 하면** 아버지가 생각나요.
4. 여름에는 창문을 **열기만 하면** 모기가 들어오니까 조심하세요.

같은 상황에서 반복하거나 반복되는 일을 이야기해 보세요.

보기
저는 자기만 하면 꿈을 꿔요.

1. ______________________

2. ______________________

3. ______________________

연습 1 배운 문법을 사용하여 대화를 완성해 보세요.

1. 가: 떡볶이 시켰어. 같이 먹자.

나: 안 먹을래. 요즘은 매운 걸 ______________________ 배가 아파.

2. 가: 엄마가 되니까 어때요?

나: 아무리 힘들어도 아기의 웃는 얼굴을 ______________________ 힘이 나요.

3. 가: 엄마한테 '공부해.'라는 말을 ______________________ 짜증이 나.

나: 널 위해 그러시는 거니까 이해해.

4. 가: 또 저 가게에서 신발을 산 거야?

나: 응. 난 저 가게에 ______________________ 신발을 사게 돼.

신발들이 너무 세련돼서 안 살 수가 없거든.

5. 가: 지영 씨가 키우는 강아지예요? 너무 귀엽네요.

나: 맞아요. 제가 이름을 ______________________ 바로 저에게 달려와요.

6. 가: 다음 주 수요일 저녁에 회식이 있대요.

나: 네? 왜 제가 친구와 약속을 ______________________ 그날 회식을 하는 거지요?

7. 가: 새로 화장품을 샀는데 얼굴에 ______________________ *가려워.

나: 뭐? 그럼 그 화장품은 사용하지 마.

8. 가: 여가 시간에 책을 자주 읽어요?

나: 아니요. 저는 책을 ______________________ 졸려서 잘 안 읽어요.

새 어휘 너희 You guys　　가렵다 To be itchy

문법 3

V/A-는/(으)ㄴ 셈이다

MP3 70

- 정확하게 그러한 것은 아니지만 결론적으로 그런 정도나 결과와 마찬가지임을 나타내요.
  It expresses that something is not exactly the same but practically equivalent in result or degree.

동사	받침 O	-는 셈이다	받다: 받 + -는 셈이다	➞ 받는 셈이다
	받침 X		가다: 가 + -는 셈이다	➞ 가는 셈이다
형용사	받침 O	-은 셈이다	많다: 많 + -은 셈이다	➞ 많은 셈이다
	받침 X	-ㄴ 셈이다	비싸다: 비싸 + -ㄴ 셈이다	➞ 비싼 셈이다

1. 우리반에서 한 명만 소풍에 안 가니까 거의 다 **가는 셈이에요**.
2. 저는 언니랑 방을 같이 쓰고 있으니까 제 방은 **없는 셈이에요**.
3. 제 월급은 5% 올랐는데, *물가는 10% 올랐으니까 월급이 **줄어든 셈이죠**.
4. 부산에서 태어났지만 3살 때부터 서울에서 살았으니 서울이 **고향인 셈입니다**.

〈보기〉와 같이 이야기해 보세요.

보기
가: 운동을 자주 해요?
나: 한 달에 1~2번 하니까 운동을 안 하는 셈이에요.

1. 한국 음식을 자주 드세요?

2. 자주 가는 식당이 어디예요? 그곳의 음식값은 비싸요?

3. 여러분이 사는 곳의 교통은 편리한가요?

연습 1 **배운 문법을 사용하여 대화를 완성해 보세요.**

1. 가: 우리 집이 서로 머니까 중간에서 만나요.

나: 한강공원에서 만날까요? 저희 집에서는 30분, 수지 씨 집에서도 35분이 걸리니까 ______________________네요.

2. 가: 이 비빔밥을 두 사람이 다 먹었어요?

나: 미나 씨는 한 숟가락만 먹었으니 제가 ______________________.

3. 가: 잘 못 잤어요? 피곤해 보여요.

나: 30분밖에 못 잤으니까 밤을 ______________________.

4. 가: 이 케이크를 혼자 다 준비했어요?

나: 이 케이크는 동생이 ______________________. 저는 옆에서 조금 돕기만 했거든요.

5. 가: 요즘은 두 달에 한 번 정도 그림을 그려요.

나: 그럼 요즘은 그림을 거의 ______________________군요.

6. 가: 마리 씨는 국적이 미국이지요?

나: 네, 하지만 어머니가 한국 분이시고 미국보다 한국에 오래 살아서 ______________________.

7. 가: 이건 3,000원이고 저건 5,000원이니까 이게 저렴하네요.

나: 아니에요. 저건 하나를 사면 하나 더 주니까 저게 ______________________.

8. 가: 숙제는 다 했니?

나: 한 문제만 더 풀면 되니까 ______________________.

새 어휘 물가 Cost of living

말하기

MP3 71

진행자: 오늘은 한국의 공교육과 사교육에 대해 이야기해 보겠습니다. 김철수 씨, 먼저 말씀해 주세요.

김철수: 저는 사교육이 필요하다고 생각합니다. 한국은 입시 경쟁이 심해서 학교 수업만으로는 부족한 경우가 많습니다. 그럴 때 학원에 다니면서 부족한 부분을 *보충할 수 있다고 봅니다.

이나현: 그런 점은 이해하지만, 요즘은 학원에서 *선행학습을 너무 많이 시킨다니 걱정됩니다. 학교보다 학원을 더 중요하게 생각한다니 공교육의 목적에 맞지 않는 셈입니다. 학교는 공부뿐 아니라 사회성을 배우는 곳이기도 하니까요.

김철수: 물론 문제점이 있다는 건 알고 있습니다. 그래도 사교육을 통해 배우고 싶은 것을 *마음껏 배울 수 있고, 새로운 재능을 발견할 기회도 얻을 수 있습니다. 저도 학원에서 미술을 배우면서 재능을 알게 되었으니 제가 화가가 된 건 사교육 덕분인 셈입니다.

이나현: 그런 좋은 면도 있지만, 요즘은 학생들이 학원에 너무 의지하고 있다니 걱정입니다. 학교 수업이 끝나기만 하면 바로 학원에 가야 하니 아이들이 쉴 시간이 없습니다.

진행자: 두 분 말씀 잘 들었습니다. 그렇다면 앞으로 사교육이 어떻게 바뀌어야 할지에 대한 두 분의 의견도 들어보겠습니다.

연습 1 **대화를 듣고 알맞은 것을 골라 써 보세요.**

공교육의 장점	공교육의 단점	사교육의 장점	사교육의 단점

1. 공부를 하느라 쉴 시간이 없다. ( )

2. 공부뿐 아니라 친구들과 잘 어울리는 방법도 배운다. ( )

3. 학생의 숨어 있던 재능을 발견할 수 있다. ( )

4. 수업만으로는 충분히 입시를 준비할 수 없다. ( )

연습 2 아래 어휘를 사용하여 친구와 대화 연습을 해 보세요.

학교보다 학원을 더 중요하게 생각하다 공교육의 목적에 맞지 않다 학교 수업이 끝나다	학원 수업이 학교 수업보다 우선이다 공교육의 *본질과 전혀 다른 교육을 하다 여유 시간이 생기다	공교육보다 사교육을 권하다 학교 공부를 방해하다 집에 오다

연습 3 사교육에 대한 찬반 토론을 해 봅시다.

1. 사교육에 대한 자신의 입장을 찬성과 반대 중에서 고르세요.
2. 찬성/반대하는 이유를 정리해 보세요.

1)
2)
3)

3. 다른 입장의 친구와 찬반 토론을 해 보세요.

자신의 의견을 나타낼 때
- 저는 A-다고/V-(느)ㄴ다고 생각합니다.
- 저는 A-다고/V-(느)ㄴ다고 봅니다.

상대방의 의견과 다를 때
- 저는 그렇게 생각하지 않습니다.
- 저는 그 말씀에 동의하기가 어렵습니다.
- 저는 생각이 좀 다릅니다.

상대방의 의견을 일부 인정할 때
- 저도 A-다는/V-(느)ㄴ다는 점은 인정합니다.
- 그 말씀에 어느 정도 동의합니다.

새 어휘 보충하다 To make up for(weakness) 선행학습 Pre-learning 마음껏 As much as one wants
본질 Essence

듣기

준비 한국의 경제가 빨리 성장할 수 있었던 이유는 무엇일까요?

연습 1 **잘 듣고 맞으면 O, 틀리면 X 표시해 보세요.** MP3 72

1. 1950년대의 한국은 경제가 발전하지 않았다. O X

2. 한국의 부모들은 자식을 학교에 보내려고 노력했다. O X

3. 한국 경제는 교육을 받은 인재들 덕분에 빠르게 좋아졌다. O X

4. 높은 학구열로 부모들이 스트레스를 많이 받는다. O X

5. 한국의 학구열은 시간이 갈수록 낮아지고 있다. O X

연습 2 다시 한 번 잘 듣고 질문에 맞는 답을 해 보세요. MP3 73

1. 한국이 발전하기 위해 특히 인재가 필요했던 이유는 무엇입니까?

____

2. 교육을 받은 인재들은 무엇을 제공해 경제 발전에 도움을 주었습니까?

____

연습 3 잘 듣고 빈칸을 채워 보세요. MP3 74

1. 그 시절 부모들은 어떤 고생을 하더라도 자식들을 더 많이 공부시키고 싶어 했고 ______________________________고 믿었다.

2. 자식들의 교육을 위해 ______________________________, 한국 부모들의 학구열은 지금 생각해도 놀랄 수밖에 없다.

3. 물론 이 과정에서 아이들이 너무 공부만을 *강요당하거나 ______________________________ 많은 스트레스를 받는 등의 문제들도 있었다.

4. 이제 입시 *위주의 교육에서 벗어나 아이들이 비판적으로 사고할 수 있는 힘을 키우고 높은 인격을 형성할 수 있는 교육을 받을 수 있도록 ______________________________.

새 어휘 강요당하다 To be forced 위주 Centered on 속도 Speed 시절 Days 우수하다 To be excellent 과정 Process 노동력 Workforce

MP3 75

한국의 대학 입시 제도

매년 11월, 날씨가 쌀쌀해지면 매우 중요한 날이 온다. 바로 대학 수학 능력 시험인 '수능'을 보는 날이다. 수능은 대학 입학을 위해 사람들이 전국에서 *동시에 보는 시험이라 전국의 고3 학생들뿐만 아니라 대학교를 가려는 사람들에게는 무엇보다 중요한 날인 셈이다.

한국의 대학 입시 제도는 크게 두 가지로 *나뉜다. 하나는 수능 성적에 따라 학생을 뽑는 정시, 다른 하나는 학교 성적과 다양한 활동을 평가하여 뽑는 수시이다. 이 둘은 방식과 평가 기준이 다르기 때문에 각각 장단점이 있다.

정시는 수능 시험 결과만으로 학생을 뽑기 때문에 평가 기준이 *객관적이다. 하지만 평소에 열심히 공부했더라도 시험 당일 몸과 마음의 상태나 주변 환경이 시험 결과에 영향을 줄 수 있다는 단점이 있다. 그날 몸이 좋지 않아 시험을 잘 보지 못한다면, 수년간 준비한 노력이 모두 *헛수고가 될 수 있다니 정말 안타까운 일이다. 반면에 수시는 수능 성적을 보기도 하지만 평소 학교 성적, 면접과 *논술 시험 등을 더욱 중요하게 보기 때문에 학생을 다양하게 평가한다는 점에서 의미가 있다. 그러나 공교육만으로는 논술이나 자기소개서 작성, 면접 등을 준비하기가 힘들어 사교육의 도움을 받고자 하는 학생이 많다.

이처럼 각각 특징이 다르기 때문에 자신의 상황과 장점을 이해하고 그에 맞는 방식을 선택하는 것이 중요하다. 어떤 것을 선택하든 꾸준히 준비하면 좋은 결과를 얻을 수 있을 것이다.

새 어휘 동시에 At the same time 나뉘다 To be divided 객관적이다 To be objective 헛수고 Vain effort 논술 Essay writing

연습 1 글을 읽고 질문에 대답해 보세요.

1. 다음 중 읽은 내용과 일치하지 않는 것을 고르십시오.

① 수능 시험은 11월에 있다.

② 수시는 학생의 여러 가지 면을 평가한다.

③ 수능 시험은 대학교마다 보는 날짜가 다르다.

④ 수능 시험 결과만으로 대학교에 입학할 수 있다.

2. 수시를 보는 학생들이 사교육을 많이 받는 이유는 무엇입니까?

____

____

여러분 나라의 대학교 입시 제도와 비교해서 비슷한 점과 차이점을 이야기해 보세요.

쓰기

아이를 교육하는 올바른 방법에 대한 자신의 생각을 써 보세요.

※192P에 '-(느)ㄴ다'를 사용하여 300~400자의 글로 완성해 보세요.

1. 아이에게 어떤 가정 교육이 필요합니까?

2. 그럴 때 어떤 방법으로 아이를 교육하는 것이 올바르다고 생각합니까? 그 이유는 무엇입니까?

3. 아이를 교육할 때 어떤 점에 주의해야 합니까?

한국어 더하기 수량과 단위

MP3 76

무게

mg(밀리그램), g(그램), kg(킬로그램)

부피

ml(밀리리터), L(리터)

길이, 넓이, 부피

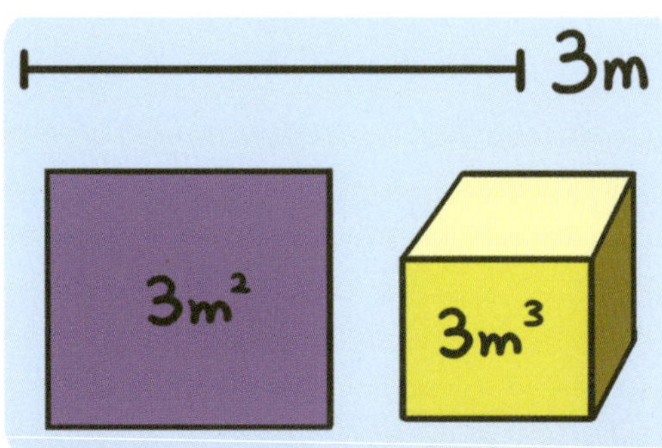

m(미터), m^2(제곱미터), m^3(세제곱미터)

분수

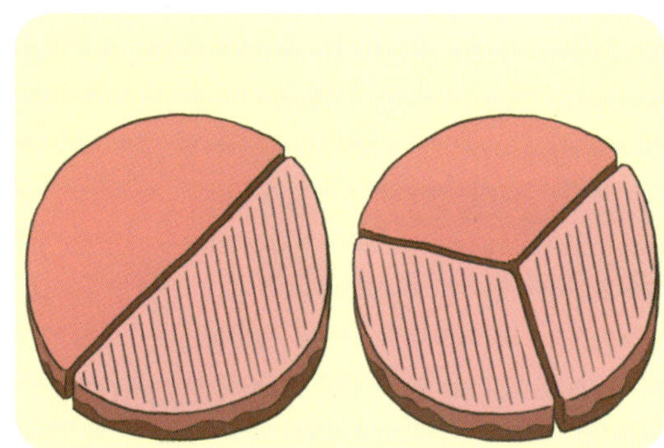

$\frac{1}{2}$(이분의 일), $\frac{2}{3}$(삼분의 이)

소수

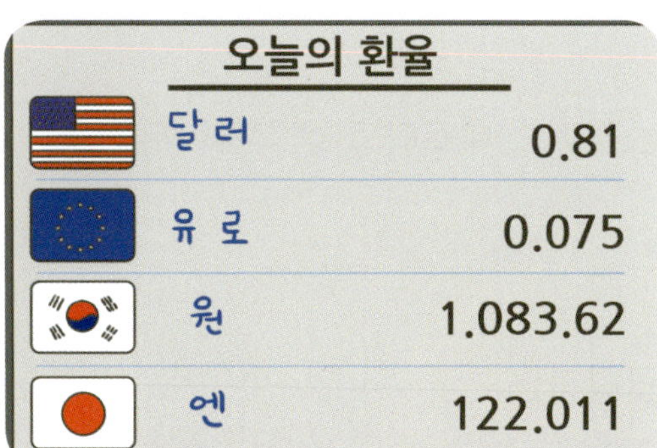

오늘의 환율

달러	0.81
유로	0.075
원	1.083.62
엔	122.011

0.35(영점삼오), 1.234(일점이삼사), 5.2384(오점이삼팔사)

배수

x2(두 배), x3(세 배)

연습 1 다음을 수량을 한국어로 읽어 보세요.

1. 3.5kg ______________________
2. 2ml ______________________
3. $79m^2$ ______________________
4. $\frac{3}{4}$ ______________________
5. 3.2856 ______________________
6. x5 ______________________

연습 2 다음 그림을 보고 빈칸에 알맞은 수량을 한국어로 써 보세요.

1. 

삼겹살은 1인분에 ______________(이)다.

2. 

아까 ______________ *짜리 우유를 마셨다.

3. 

이 방의 넓이는 ______________(이)다.

4. 

다이어트하려고 밥을 원래의 ______________만 먹는다.

5. 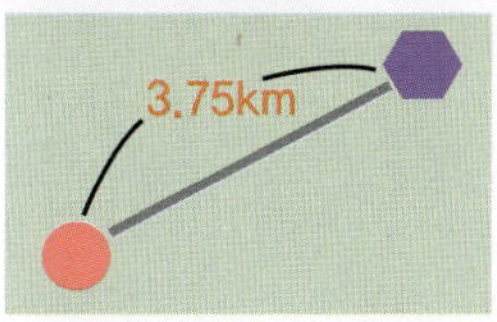

여기서 그곳까지의 거리는 ______________입니다.

6. 

형이 가진 돈은 내가 가진 돈의 ______________(이)다.

배운 수량과 단위 중 하나를 골라 문장을 만들어 보세요.

새 어휘 N짜리 of N

9과 인터넷으로 드라마면 드라마, 음악 방송이면 음악 방송 뭐든지 볼 수 있어요.

여러분은 자주 텔레비전을 보거나
라디오를 들어요? 이야기해 보세요.

어휘와 표현	대중매체
문법	V/A-는/(으)ㄴ 척하다
	N치고
	N(이)면 N, N(이)면 N
말하기	한국의 대중문화는 세계적으로 영향력이 커져 가고 있습니다.
듣기	여러분이 기다리시던 김그린 씨가 출연하실 예정입니다.
읽기	결승 경기도 저희 방송과 함께 해 주시기 부탁드립니다.
쓰기	기존의 대중매체와 요즘 유행하는 1인 미디어를 비교해 보세요.

어휘와 표현

대중매체 Mass media

MP3 77

미디어
Media

생방송
Live broadcast

작품
Work(of art)

최초로 공개하다
To release for the first time

시청률이 높다 ↔ 시청률이 낮다
To have high viewership ↔ To have low viewership

화제가 되다
To become an issue

장르 Genre

다큐멘터리	예능	드라마	뉴스 보도	스포츠
Documentary	Entertainment show	Drama/TV series	News report	Sports

대중문화
Popular culture

출연하다
To appear

현실을 반영하다
To reflect reality

영향력이 크다
To have great influence

사람들에게 주는 영향력이 가장 큰 대중문화 분야는 뭐라고 생각합니까?

드라마가 현실을 반영해야 한다고 봅니까? 아니면 그럴 필요가 없다고 봅니까?

연습 1 〈보기〉에서 알맞은 어휘를 골라 문장을 완성해 보세요.

보기

미디어	생방송	최초로 공개하다	다큐멘터리
영향력이 크다	대중문화	보도	

1. 이번 전시회에서는 지금까지 전시된 적이 없는 김시연 작가의 그림을 ____________________.
2. SNS는 새롭게 생긴 ____________________의 한 *형태로 젊은 사람들을 중심으로 인기를 얻고 있다.
3. 모든 뉴스에서 오늘 일어난 화재 사고에 대해 ____________________하고 있다.
4. 유명한 사람들은 대중에게 미치는 ____________________(으)므로 말과 행동을 조심해야 한다.
5. 외국 *유학생의 일상을 찍은 ____________________을/를 보니 유학생들의 생활을 잘 알 수 있었다.
6. 오늘날은 스포츠 경기를 ____________________(으)로 볼 수 있어 경기 결과를 바로 알 수 있다.
7. K-POP은 외국에서 많은 인기를 얻고 있는 한국의 대표적인 ____________________(이)다.

연습 2 〈보기〉에서 알맞은 어휘를 골라 대화를 완성해 보세요.

보기

작품	출연하다	시청률이 높다	화제가 되다	현실을 반영하다

가: 이 드라마 봤어? 요즘 사람들 사이에 **1.**____________________고 있는 드라마인데.

나: 응. 봤어. 자신의 꿈과 현실 사이에서 고민하는 젊은 사람들의 **2.**____________________고 있어서 정말 내 이야기 같더라.

가: 맞아. 그런데 이건 원래 소설로 쓰여진 **3.**____________________인데 이번에 드라마로 만든 거야.

나: 나도 들었어. 배우 김우재가 그 소설을 읽고 감동을 받아서 이번 드라마에 **4.**____________________기로 결심했다면서?

가: 응. 내 주변 사람들 중에서도 이 드라마를 안 보는 사람이 없는 걸 보면 이 드라마의 **5.**____________________(으)ㄹ 것 같아.

나: 네 말대로 요즘 나오는 드라마 중에서는 제일 인기가 많대.

새 어휘 형태 Form 유학생 International student

문법 1

V/A-는/(으)ㄴ 척하다

MP3 78

• 사실과 다르게 거짓으로 꾸며서 행동하거나 그런 상태를 말할 때 사용해요.
It describes acting or behaving falsely, or being in such a state.

동사	받침 O	-는 척하다	먹다: 먹 + -는 척하다 ➡ 먹는 척하다
	받침 X		보다: 보 + -는 척하다 ➡ 보는 척하다
형용사	받침 O	-은 척하다	작다: 작 + -은 척하다 ➡ 작은 척하다
	받침 X	-ㄴ 척하다	크다: 크 + -ㄴ 척하다 ➡ 큰 척하다

1. 부모님이 걱정하실까 봐 힘들어도 **힘들지 않은 척할** 때가 많아요.
2. 어떤 남자가 나를 **아는 척하며** 말했는데 모르는 사람이었다.
3. 어제 수업이 어려워서 이해하기 힘들었지만 **알아들은 척했어요**.
4. 저 사람은 돈이 없는데 왜 항상 **부자인 척하는** 거예요?

Tip!
큰 차이 없이 'V/A-(으)ㄴ 체하다'와 바꿔 쓸 수 있어요.
It can be replaced with "V/A-(으)ㄴ 체하다" without much difference.

예 그 친구의 비밀을 들었지만 모르는 체했어요.

친구와 〈보가〉처럼 이야기해 보세요.

보기
다이어트 중에 누군가 점심을 먹자고 하면 어떻게 할 거예요?
➡ 이미 점심을 먹은 척할 거예요.

1. 약속을 했는데 나가기가 너무 귀찮으면 어떻게 해요?
2. 친하지 않은 친구가 돈을 빌려달라고 하면 어떻게 하면 좋을까요?
3. 좋아하는 사람과 함께 있을 때 어떻게 평소와 다르게 행동해요?
4. 친구가 나를 위해 만들어 준 음식이 맛이 없으면 어떻게 할 거예요?

연습 1 **배운 문법을 사용하여 대화를 완성해 보세요.**

1. 가: 너는 어떤 사람을 싫어해?

나: 나는 잘 모르면서 ______________________________는 사람이 싫더라.

2. 가: 왜 내 말을 ______________________________?

나: 뭐라고 했어요? 이어폰 때문에 정말로 못 들었어요.

3. 가: 너 어제 책을 ______________________________고 엄마한테 돈을 받아서 옷을 샀지? 다 알아.

나: 엄마한텐 비밀이야. 알았지?

4. 가: 저 선배는 여자들 앞에서만 ______________________________는 거 같지 않아요?

나: 맞아요. 남자들한테는 정말 불친절하게 대해요.

5. 가: 과장님 이야기를 열심히 듣던데 재미있었나 봐요.

나: 사실은 좀 지루했는데 과장님이 기분 나빠하실까 봐 ______________________________(으)ㄴ 거예요.

6. 가: 미안하지만 내가 요즘 시간 여유가 별로 없어.

나: 너 요즘 아르바이트도 안 하잖아. ______________________________지 말고 같이 놀러 가자.

7. 가: 아침에 왜 민정 씨를 보고도 ______________________________았/었어요?

나: 어제 민정 씨랑 좀 다퉜거든요.

8. 가: 모임이 있다고 했잖아. 일찍 왔네.

나: 두통이 있어서 급한 일이 ______________________________고 집에 왔어요.

문법 2

N치고

MP3 79

① 앞의 명사가 예외 없이 뒤 내용과 같음을 나타내요.
(주로 'N치고 V/A–는/(으)ㄴ N이/가 없다'의 형태로 사용해요.)

It indicates that the previous noun is always consistent with the following content (It is mostly used as "N치고 V/A-는/(으)ㄴ N이/가 없다").

② 앞의 명사를 기준으로 뒤의 내용을 판단하거나 평가할 때 사용해요.

It is used to judge or evaluate based on the noun mentioned before.

명사	받침 O	+치고	음식: 음식 + 치고 → 음식치고
	받침 X		날씨: 날씨 + 치고 → 날씨치고

1. 이렇게 짜고 단 **음식치고** 건강에 좋은 건 없어요.
2. **과일치고** 건강에 나쁜 건 없어요. 과일을 많이 드세요.
3. 올해는 기온도 높지 않아서 여름 **날씨치고** 안 더운 편이다.
4. 유코 씨는 회사 **선배치고** 편해서 친구처럼 가깝게 지내요.

〈보기〉와 같이 친구와 이야기해 보세요.

보기

가: 아이들이 좋아하는 음식이 뭐예요?

나: 아이스크림이요. 아이들치고 아이스크림 싫어하는 아이들이 없어요.

1. 한국의 유명한 한국 가수는 누구예요?

2. 모든 대학생들이 하는 고민은 뭘까요?

3. 모델은 외모가 어떻습니까?

4. 모든 사람이 좋아하는 것은 무엇/누구일까요?

연습 1 **배운 문법을 사용하여 대화를 완성해 보세요.**

1. 가: 우리 아이가 초등학생인데 공부를 안 좋아해서 걱정이에요.

나: ____________________치고 공부를 ____________________는 아이는 없어요. 다들 공부보다는 노는 걸 좋아하지요.

2. 가: 한국 사람들의 식탁에는 항상 김치가 오른다면서요?

나: 네. ____________________치고 김치를 안 ____________________는 사람은 별로 없을 거예요. 김치를 활용한 요리도 많잖아요.

3. 가: 와, 저 가게에서 세일을 90%나 하는데 가 볼까요?

나: 너무 싼 ____________________치고 ____________________(으)ㄴ 물건은 없는 것 같아요. 저는 안 갈래요.

4. 가: 요즘 밖에서 식사를 많이 했더니 건강이 좀 안 좋아진 것 같아요.

나: 식당에서 만드는 ____________________치고 ____________________(으)ㄴ 음식은 없어요. 귀찮더라도 집에서 해 먹는게 건강에 좋아요.

연습 2 **배운 문법을 사용하여 대화를 완성해 보세요.**

1. 가: 이거 내가 처음 구운 과자인데 맛이 어때?

나: ____________________치고 맛있는데? 조금 더 연습하면 정말 잘 만들겠어.

2. 가: 이리나 씨는 ____________________치고 ____________________네요!

나: 그렇지요? 한국인 친구와도 자연스럽게 대화해요.

3. 가: 이 책상을 저 아이가 혼자 옮겼다고요?

나: 놀랍지요? 어른인 저도 쉽게 못 드는데 ____________________치고 ____________________(으)ㄴ 것 같아요.

4. 가: 이 원룸에서 두 사람이 살기에는 조금 좁지 않아요?

나: 여기는 ____________________치고 ____________________(으)ㄴ 편이에요. 훨씬 더 작은 원룸들도 많거든요.

문법 3

N(이)면 N, N(이)면 N

MP3 80

- 둘 이상을 예로 들면서 모두 그러함을 나타낼 때 사용해요.
  It shows that all of the examples mentioned share the same trait.

명사	받침 O	+이면	춤: 춤 + 이면 → 춤이면 춤
	받침 X	+면	야구: 야구 + 면 → 야구면 야구

1. 저 가수는 **춤이면 춤, 노래면 노래**, 정말 못하는 게 없어요.
2. 타쿠야 씨는 **야구면 야구, 수영이면 수영**, 운동은 다 잘해요.
3. 이 커피숍은 **커피면 커피, 케이크면 케이크**, 뭐든지 맛있다.
4. 내 친구는 **영어면 영어, *수학이면 수학**, 모든 과목을 잘한다.

Tip!

예로 든 것 외에도 해당 되는 것이 많다는 것을 강조하는 표현으로, 뒤에는 이중부정이나 '모두, 전부, N든지' 등이 같이 와요.

It emphasizes that there are many other cases besides the ones mentioned, often used with double negatives or expressions like "모두, 전부, N든지."

예 이 식당은 맛이면 맛, 분위기면 분위기 마음에 안 드는 게 없어요. (O)
이 식당은 맛이면 맛, 분위기면 분위기 다 마음에 들어요. (O)

〈보기〉와 같이 이야기해 보세요.

보기
저 식당은 분위기면 분위기, 맛이면 맛, 마음에 안 드는 곳이 없어요.

1. 우리 아버지는 ________________, ________________, 모르는 게 없어요.

2. 이 노래는 ________________, ________________, 모두 좋아하는 노래다.

3. 제가 사는 집은 주변 환경이면 주변 환경, 크기면 크기, ________________.

4. OOO은/는 ________________________________.

연습 1 그림을 보고 배운 문법을 사용하여 대화를 완성해 보세요.

1. 

가: 제주도에 여행을 가려고 하는데 어느 계절에 가는 게 좋아요?

나: 제주도는 ______________________ 언제 가도 좋아요.

2. 

가: 요즘 얼굴 보기가 힘든 걸 보니 바쁜가 봐요.

나: 요즘 중요한 행사를 *앞두고 있어서 정신없어요.

______________________ 회사에 안 가는 날이 없어요.

3. 

가: 요즘 만나는 사람은 어떤 사람이야?

나: 그 사람은 ______________________ 부족한 게 없는 사람이지.

4. 

가: *공짜 영화표가 생겼어. 넌 어떤 영화를 좋아해?

나: 난 영화는 ______________________ 뭐든지 좋아해.

5. 

가: 요즘 텔레비전을 켜기만 하면 저 배우가 나오네요.

나: 저 배우가 ______________________ 못하는 게 없어서 인기가 많아요.

6. 

가: 외국어는 정말 배우면 배울수록 더 어려운 것 같아요.

나: 맞아요. ______________________ 어렵지 않은 게 없어요.

7. 

가: 여행을 많이 다니셨어요?

나: 네, 여행을 좋아해서 ______________________.

새 어휘 수학 Mathematics 앞두다 To be ahead of 공짜 Free of charge

말하기

MP3 81

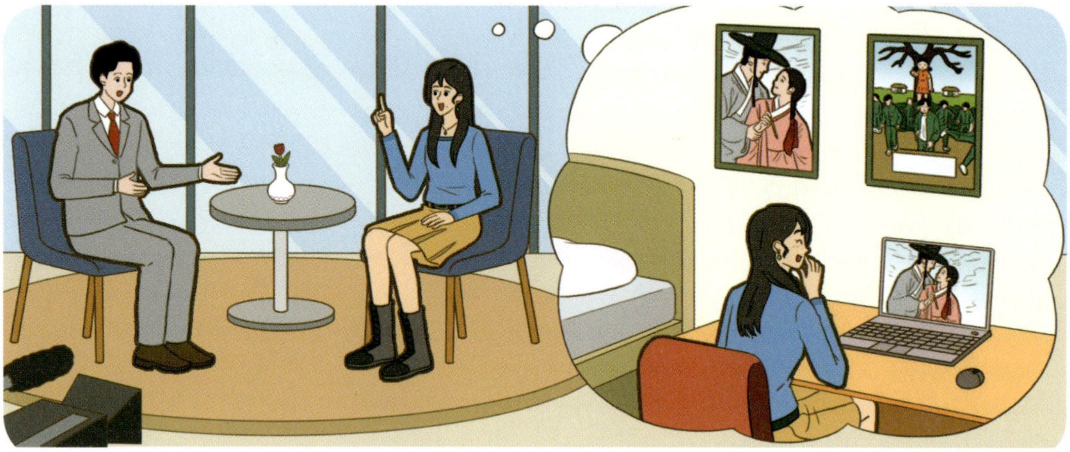

진행자: 요즘 한국의 대중문화는 세계적으로 영향력이 커져 가고 있습니다. 저희는 한국 드라마에 빠진 한 분을 만나 보았습니다. 안녕하세요, 요즘 즐겨보는 프로그램에 대해 이야기 좀 해 주시겠어요?

나타완: 이건 요즘 화제가 되고 있는 한국 드라마인데요. 보통의 사랑 드라마치고는 줄거리가 독특하고 지금의 현실을 잘 반영하고 있는 거 같아요. 저는 드라마뿐만 아니라 한국 예능도 즐겨 보고 있어요.

진행자: 네. 그리고 미디어 기술의 발전은 한국 대중문화의 인기에 중요한 역할을 했습니다. 세계 어디에 있든지 다른 나라의 대중문화를 손쉽게 접할 수 있게 된 것이지요. 그럼 한국 드라마의 매력을 처음 알게 된 게 언제예요?

나타완: 저는 어렸을 때 우연히 TV 방송으로 한국 드라마를 보게 됐어요. 학생 때는 엄마의 잔소리를 피해 공부하는 척하면서 드라마를 보기도 했지요. 예전에는 볼 수 있는 프로그램이 많지 않았는데 지금은 인터넷으로 드라마면 드라마, 음악 방송이면 음악 방송, 원하는 건 뭐든지 볼 수 있게 돼서 좋아요.

진행자: 그렇군요. 드라마나 영화, 음악 방송 말고 관심 있는 다른 분야도 있나요?

나타완: 한국의 전통 문화와 음식에도 관심이 많아서 한국의 전통 음식을 만드는 방법을 배우려고 해요.

진행자: 이렇게 한국을 찾는 외국인들이 증가하고 있습니다. 우리는 지금의 인기와 함께 대중문화를 더 발전시켜서 경제적인 효과로 *이어지게 하는 방법을 고민해야 할 것입니다.

연습 1 **대화를 듣고 질문에 대답해 보세요.**

1. 나타완이 즐겨 보는 한국 프로그램은 무엇입니까?

2. 어떻게 다른 나라에서도 한국의 대중문화를 쉽게 경험할 수 있게 되었습니까?

3. 나타완은 어떻게 한국 드라마를 보기 시작했다고 합니까?

4. 나타완은 왜 한국의 전통 음식을 만든느 방법을 배우려고 합니까?

연습 2 아래 어휘를 사용하여 친구와 대화 연습을 해 보세요.

보통의 사랑 드라마 공부하다 드라마, 음악 방송 한국을 찾다	우정이라는 *평범한 *소재 교육 방송을 보다 영화, 예능 한국 문화를 배우려고 하다	이별을 다룬 흔한 내용 숙제하다 콘서트, 축제 한국을 궁금해하다

연습 3 여러분이 원하는 주제를 찾아 짧은 영상을 만들어 보세요.

1. 친구와 팀을 만드세요. 함께 무엇을 촬영할 것인지 생각해 보세요.
   예 우리 학원 홍보, 한국의 문화 소개 등
2. 영상에 들어갈 내용과 영상에서 해야 할 말을 써 보세요.
3. 친구와 함께 영상을 만들어 보세요.
4. 함께 감상하면서 서로의 느낌을 이야기해 보세요.

새 어휘 이어지다 To continue　평범하다 To be ordinary　소재 Theme

듣기

준비 좋아하는 가수의 음악 방송을 본 적이 있어요?

연습 1 잘 듣고 맞으면 O, 틀리면 X 표시해 보세요. MP3 82

1. 지금 '음악 여행' 방송을 촬영 중이다. O X

2. 이 가수의 *신곡은 이미 많은 인기를 얻고 있다. O X

3. 이 가수는 신나는 노래를 많이 불러 왔다. O X

4. 이 가수는 지금 많이 긴장하고 있다. O X

5. 오늘부터 이 가수의 콘서트가 예정되어 있다. O X

연습 2 다시 한 번 잘 듣고 질문에 맞는 답을 해 보세요. MP3 83

1. 이 가수의 이번 신곡은 예전과 어떻게 다릅니까?

____

____

2. 이 가수는 오늘 왜 이 방송에 출연했습니까?

____

____

연습 3 잘 듣고 빈칸을 채워 보세요. MP3 84

1. ______________________________, 어느 것 하나 부족한 게 없는 김그린 씨를 모시고 노래를 듣기 전에 잠깐 이야기 나눠 보겠습니다.

2. 김그린 씨의 노래는 항상 ______________________________ 이번 노래도 매우 기대가 됩니다.

3. 지금까지는 계속 조용한 노래만 불렀었는데 이번 곡은 ______________________________ ______________________________.

4. ______________________________ 사실은 너무 떨려요.

새 어휘 신곡 New song　채널 Channel　고정하다 Stay tuned　작곡 To compose　댄스곡 Dance song　투어 콘서트 Tour concert　박수 Applause

읽기

MP3 85

여러분, 안녕하십니까? 금요일 밤 스포츠 뉴스입니다.

어젯밤 열린 *전국체육대회 축구 경기에서 그린대학교 팀이 한국대학교 팀을 이기고 *결승 진출에 성공했습니다. 경기가 시작된 지 5분 만에 그린대학교 팀의 김명호 선수가 첫골을 넣었습니다. 그리고 20분 후, 한국대학교 팀의 박철호 선수가 골을 넣으며 1:1인 상태로 *전반전이 끝났습니다. 그러나 *후반전에서 상대방이 공을 놓친 *순간 그 기회를 잡은 그린대학교의 지석민 선수는 오른쪽으로 가는 척하면서 왼쪽으로 공을 *차서 빠르게 1골을 더 성공시켰습니다. 그후 두 팀 모두 한 골도 성공시키지 못한 채 2:1로 그린대학교 팀이 이기게 되었습니다. 이번 경기에서 그린대학교 축구 팀의 지석민 선수는 실력이면 실력, 힘이면 힘, 모든 면에서 뛰어난 모습을 보였는데요. 축구 선수치고는 작은 *체격이지만 지치지 않는 모습을 보였습니다.

다음 결승 경기는 10일 오후 7시에 열릴 예정입니다. 저희도 생방송으로 경기를 전해 드릴 예정이니 결승 경기도 저희 방송과 함께 해 주시기 바랍니다.

새 어휘 전국체육대회 National sports festival　결승 Final match　전반전 First half　후반전 Second half　순간 Moment　차다 To kick　체격 Physique/Body build　기존 Existing

연습 1 글을 읽고 질문에 대답해 보세요.

1. 다음 중 읽은 내용과 일치하는 것을 고르십시오.

① 어제 축구 결승 경기가 있었다.

② 지석민 선수는 전반전에 한 골을 넣었다.

③ 이번 경기에서 한국대학교는 한 골도 넣지 못했다.

④ 지석민 선수는 다른 선수들보다 체격이 크지 않은 편이다.

2. 다음 경기는 언제 열립니까?

여러분이 좋아하는 스포츠 경기나 운동 선수에 대해서 이야기해 보십시오.

쓰기

텔레비전이나 라디오 같은 *기존의 대중매체와 요즘 유행하는 1인 미디어를 비교해 보세요.

※193P에 '-(느)ㄴ다'를 사용하여 300~400자의 글로 완성해 보세요.

1. 기존의 대중 매체와 1인 미디어의 공통점은 무엇입니까?

2. 기존의 대중 매체와 1인 미디어의 차이점은 무엇입니까?

3. 여러분이 선호하는 것은 무엇이며 그 이유는 무엇입니까?

10과

새로 나오는 기술들은 어르신들께는 어렵게 느껴지기 마련이지.

여러분은 어떤 사회 문제에 관심이 있어요?

어휘와 표현	사회 문제
문법	V/A-(으)ㄹ 따름이다
	V/A-기 마련이다
	V-(으)ㄹ걸 그랬다
말하기	키오스크로 주문하는 걸 어려워 하시기에 내가 대신해 드렸어.
듣기	집값 문제가 우리 사회에 미치는 영향이 큰 것 같아요.
읽기	매년 떨어지는 출산율에 대하여
쓰기	스팸 문자에 대한 조사 결과를 정리해 써 보세요.
한국어 더하기	접미사 ②

어휘와 표현

사회 문제 Social issue

MP3 86

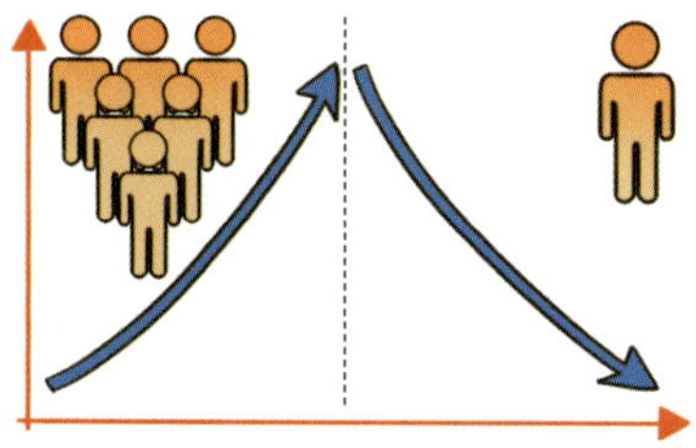

인구가 증가하다
↔ 인구가 감소하다
To increase in population
↔ To decrease in population

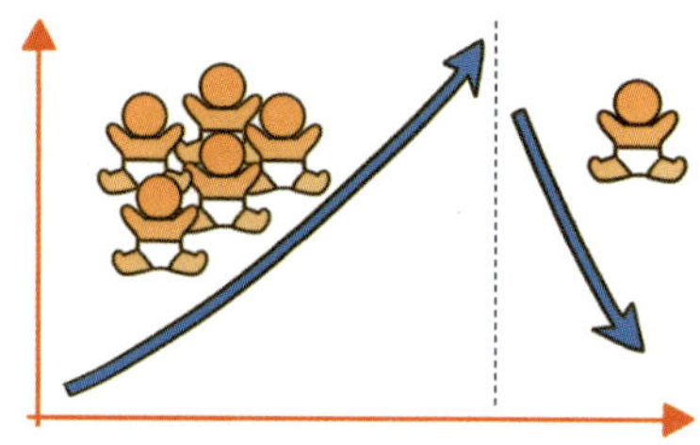

출산율이 높다
↔ 출산율이 낮다
To have a high birth rate
↔ To have a low birth rate

평등 ↔ 불평등
Equality ↔ Inequality

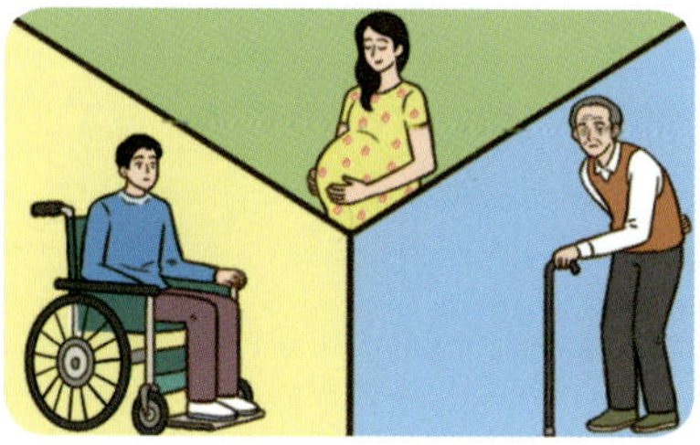

사회적 약자
Socially disadvantaged group

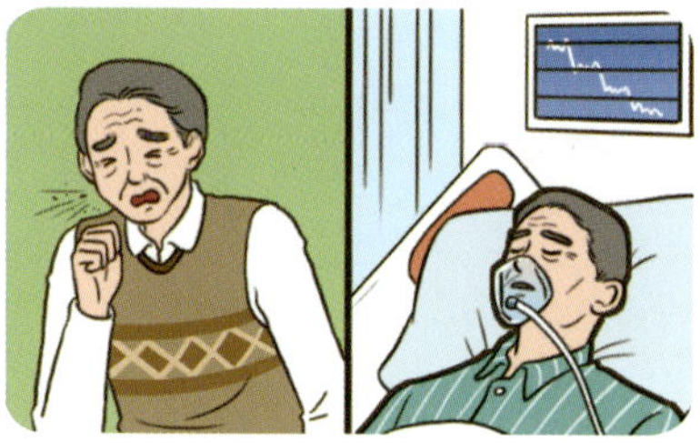

악화되다
To worsen

고령화 사회
Aging society

사기를 치다
↔ 사기를 당하다
To scam ↔ To be scammed

피해자가 발생하다
To have victims occur

차별하다
To discriminate

급격히 변화하다
To change rapidly

논란이 되다
To become controversial

이해관계
Interest relationship

여러분이나 주위 사람들이 사기를 당한 적이 있습니까?

요즘 논란이 되고 있는 사회 문제는 무엇입니까?

연습 1 〈보기〉에서 알맞은 어휘를 골라 빈칸을 채워 보세요.

보기			
인구가 감소하다	출산율이 낮다	불평등	논란이 되다
사회적 약자	차별하다	이해관계	

1. 가: 두 회사의 ______________ 때문에 계약이 쉽지 않았어.
   나: 모두 자기의 이익이 우선이니까 어쩔 수 없지.
2. 가: 시골의 ______________고 있대요.
   나: 사람들이 유학이나 취직 때문에 도시로 많이 나가니까 그렇겠지요.
3. 가: 엄마, 언니만 옷을 사 주고! 언니랑 나를 ______________는 거 아니에요?
   나: 아니야. 지난번에는 너만 새 옷을 사 줬잖아.
4. 일회용품 사용에 대한 찬성과 반대의 목소리들이 나오면서 이 문제가 ______________고 있습니다.
5. 경제적인 ______________ 때문에 교육을 못 받는 아이들이 없도록 *의무 교육 제도를 만들었다.
6. 전보다 결혼이 늦어지고 아이를 키우는 데 드는 경제적 부담이 커지면서 ______________아/어지고 있다.
7. 지하철이나 버스의 *교통약자석은 노인, 아이 등 ______________을/를 배려하는 자리이다.

연습 2 〈보기〉에서 알맞은 어휘를 골라 뉴스를 완성해 보세요.

보기					
사기를 치다	사기를 당하다	급격히 변화하다	악화되다	고령화 사회	피해자가 발생하다

아나운서: 노인 인구의 *급격한 증가로 우리 사회가 **1.**______________이/가 되면서 노인을 대상으로 돈을 벌게 해 주겠다며 **2.**______________아/어서 돈을 *빼앗는 사람들이 늘고 있습니다. 젊은 사람들보다 인터넷이나 최신 기술에 약한 노인들이 특히 쉽게 **3.**______________는 것으로 나타났습니다. 이런 사기 *범죄는 시간이 지날수록 **4.**______________아/어 더 많은 금액을 잃는 피해자가 나타나고 있습니다. 앞으로 더는 이런 **5.**______________지 않게 우리 사회가 노인들을 대상으로 교육을 하고 노인들이 **6.**______________는 사회에 적응할 수 있도록 돕는 등 예방에 신경을 써야겠습니다.

새 어휘 의무 Duty　급격하다 To be rapid　교통약자석 Priority seat for the transportation disadvantaged　빼앗다 To take away　범죄 Crime

문법 1

V/A-(으)ㄹ 따름이다

MP3 87

- 문장에서의 상황 외에 다른 가능성이나 상황이 없음을 나타내요. 또한 감정 형용사와 결합하여 겸손함이나 감정의 강조를 표현하기도 해요.
  It expresses that there is no other possibility or situation besides what is mentioned. It can also emphasize humility or emotion when used with adjectives of feeling.

동사 형용사	받침 O	-을 따름이다	웃다: 웃 + -을 따름이다 → 웃을 따름이다
	받침 X	-ㄹ 따름이다	감사하다: 감사하 + -ㄹ 따름이다 → 감사할 따름이다

1. 더이상 할말이 없어서 친구의 말을 **듣고 있을 따름이에요**.
2. 저에게 이렇게 신경을 써 주시니 **감사할 따름이에요**.
3. 저는 그냥 그 가수를 응원하는 한 명의 **팬일 따름입니다**.
4. 그냥 부장님이 지시하신 대로 이벤트를 **준비했을 따름이에요**.

〈보기〉와 같이 친구와 이야기해 보세요.

보기
가: 어떻게 그렇게 날씬해졌어요?
나: 저녁에 30분 정도 걸었을 따름이에요.

1. 어떻게 한국어를 공부하고 있어요?

2. 정말 감사하게 생각하는 사람이 있습니까?

3. 잘하는 일이 있습니까? 어떻게 그렇게 잘하게 됐습니까?

4. 지금 생각해도 아주 부끄러운 일은 무엇입니까?

연습 1 〈보기〉에서 알맞은 어휘를 골라 대화를 완성해 보세요.

보기 학생이다 아쉽다 먹다 바라보다 듣다 최선을 다하다 일을 하다

1. 가: 김밥을 자주 먹는 거 보니까 김밥을 정말 좋아하나 봐요.

   나: 그런 것보다는 편하게 먹을 수 있어서 자주 ____________________.

2. 가: 승진 시험을 본다고 들었는데 준비는 잘 하고 있어?

   나: 결과가 좋으면 좋겠지만 일단 ____________________.

3. 가: 한국에 있는 동안 좋은 곳을 많이 안내해 주셔서 감사했습니다.

   나: 아니에요. 이렇게 빨리 헤어지게 돼서 ____________________. 다음에 한국에 오면 또 연락하세요.

4. 가: 영수 씨는 컴퓨터에 대해 잘 아시네요. 꼭 전문가 같아요.

   나: 아니에요. 저는 그냥 컴퓨터를 전공 중인 ____________________.

5. 가: 잃어버린 지갑을 찾아 주셔서 감사합니다.

   나: 아닙니다. 경찰로써 당연히 해야 할 ____________________.

6. 가: 첫눈에 반했다던 사람과는 어떻게 되어 가요?

   나: 고백할 용기가 없어서 *그저 ____________________.

7. 가: 지연 씨가 사기를 당했다는데 무슨 일이에요?

   나: 저도 어제 소문으로 ____________________라서 자세히는 모르겠어요.

새 어휘 그저 Merely

문법 2

V/A-기 마련이다

MP3 88

• 그러한 일이나 현상이 일반적이고 당연한 것임을 표현할 때 사용해요.
It expresses that something is generally or naturally expected to happen.

동사 형용사	받침 O	-기 마련이다	받다: 받 + -기 마련이다 ➞ 받기 마련이다
	받침 X		걱정하다: 걱정하 + -기 마련이다 ➞ 걱정하기 마련이다

1. 누구나 비밀 한 가지씩은 **가지고 있기 마련이지요**.
2. 너무 열심히 하려고 하면 스트레스를 **받기 마련이죠**.
3. 어떤 일을 오래 한 전문가도 가끔은 **실수하기 마련이에요**.
4. 한국 생활이 처음엔 *낯설어도 *점차 **익숙해지기 마련이에요**.

Tip!

1. 'V/A-게 마련이다'의 형태로도 사용해요.
   It can also appear in the form "V/A-게 마련이다."
   예 사람은 누구나 죽기 마련이야. = 사람은 누구나 죽게 마련이야.
2. 특정한 개인이나 어느 하나가 아닌 전체를 주어로 사용해요.
   The subject is usually general, not an individual.
   예 나는 칭찬을 들으면 기분이 좋아지기 마련이다. (X)
   사람들은 누구나 칭찬을 들으면 기분이 좋아지기 마련이다. (O)

〈보기〉와 같이 친구와 이야기해 보세요.

보기
실력이 뛰어나다
➡ 실력이 뛰어나면 상사들의 인정을 받기 마련이에요.

1. 스트레스를 받다
2. 나이가 들다
3. 경제 상태가 안 좋다
4. 외국에서 혼자 생활하다

연습 1 배운 문법을 사용하여 대화를 완성해 보세요.

1. 가: 우리 딸이 또 친한 친구와 싸우고 들어왔어요. 어쩌지요?

   나: 원래 아이들은 싸우면서 서로 ______________________이니까 걱정 마세요.

2. 가: 일이 너무 많아서 안 끝날 것 같아요.

   나: 힘내세요. 모든 일은 다 ______________________이니까요.

3. 가: 김치찌개를 좋아한다고 해서 매일 해 줬는데 이제 잘 안 먹네요.

   나: 아무리 좋아하는 음식이라도 계속 먹으면 ______________________.

4. 가: 새로 뽑은 직원이 성격은 좋은데 자주 실수를 하네.

   나: 이런 일이 처음이라면서. 처음엔 다 ______________________.

5. 가: 지영 씨가 요즘 짜증을 내는 횟수가 많아지지 않았어?

   나: 다이어트 중이라 그럴걸. 배가 고프면 ______________________이잖아.

6. 가: 처음엔 일이 너무 힘들더니 지금은 할 만하네요.

   나: 원래 계속하다 보면 일에 ______________________.

7. 가: 음식은 맛있어 보이는데 값이 왜 이렇게 비싸요?

   나: 싱싱하고 좋은 재료로 만들면 ______________________이지요.

8. 가: 어머니 생신인데 무슨 선물을 드리는 게 좋을까요?

   나: ______________________은/는 어때요? ______________________거든요.

새 어휘 낯설다 To be unfamiliar 점차 Gradually

문법 3

V-(으)ㄹ걸 그랬다

MP3 89

- 과거에 하지 않은 일에 대한 후회나 아쉬움을 나타낼 때 사용해요.
  It expresses regret or disappointment about something not done in the past.

동사 형용사	받침 O	-을걸 그랬다	먹다: 먹 + -을걸 그랬다	→ 먹을걸 그랬다
	받침 X	-ㄹ걸 그랬다	사다: 사 + -ㄹ걸 그랬다	→ 살걸 그랬다

1. 아침밥을 **먹을걸 그랬어요**. 지금 너무 배고파요.
2. 옷이 이미 다 팔렸다고요? 어제 **살걸 그랬네요.**
3. 밖에 비가 많이 오네요. 우산을 **챙겨올걸 그랬어요**.
4. 취업한 선배에게 이것저것 많이 **물어볼걸 그랬어**.

Tip!

1. 혼잣말을 하는 경우에는 'V-(으)ㄹ걸 그랬어'의 형태로도 사용해요.
   When used in monologue form, it appears as "V-(으)ㄹ걸 그랬어."
   예 많이 춥네. 옷을 따뜻하게 입고 나올걸.
2. 부정을 나타낼 때는 '-지 말걸 그랬다' 혹은 '안 V-(으)ㄹ걸 그랬다'를 사용해요.
   To express negation, it appears as "-지 말걸 그랬다" or "안 V-(으)ㄹ걸 그랬다."
   예 파티가 재미없었어요. 가지 말걸 그랬어요.

여러분이 지금 후회하는 것을 〈보기〉와 같이 이야기해 보세요.

보기
친구랑 여행을 갔다온 바람에 시험 공부를 제대로 못했어요. 시험을 본 후에 여행을 갈 걸 그랬어요.

1. ______________________________

2. ______________________________

3. ______________________________

연습 1 배운 문법을 사용하여 빈칸을 채워 보세요.

1. 급하게 먹었더니 소화가 안 돼요. 좀 ______________________________.

2. 병원에 가지 않고 참았는데 병이 더 악화됐어요. 일찍 병원에 ______________________________.

3. 친구가 전화로 2시간동안 자기 자랑을 했다. 이럴 줄 알았으면 전화를 ______________________________.

4. 문을 열어 놓은 채 외출하고 오니 도둑이 들어서 물건을 훔쳐 갔다.

   나갈 때 문을 ______________________________.

5. 가: 음식이 매워서 *입술이 부었어요..

   나: *고춧가루를 적게 ______________________________네요. 미안해요.

6. 가: 친구가 유학을 간대요. 한국에 있을 때 더 ______________________________.

   나: 후회만 하지 말고 지금이라도 잘해 주세요.

7. 가: 미안하지만 나 감기에 걸려서 찬 음료수는 못 마셔.

   나: 아, 몰랐어. 따뜻한 ______________________________네.

8. 가: 네 동생은 네가 사 준 게임기를 손에서 놓지를 않네.

   나: 그렇지? 저렇게 하루 종일 게임만 할 줄 알았으면 게임기를 ______________________________.

새 어휘 입술 Lips 고춧가루 Red pepper powder

말하기

MP3 90

김영수: 많이 기다렸지? 가게에서 *어르신을 도와드리느라고 시간이 좀 걸렸어.

이유리: 무슨 일이 있었는데?

김영수: 할아버지 한 분이 *키오스크로 주문하는 걸 어려워하시기에 내가 대신해 드렸어.

이유리: 그랬어? 정말 좋은 일 했네.

김영수: 해야 할 일을 했을 따름이야.

이유리: 아니야. 내 일이 아니니까 못 본 척하기가 쉽지. 그런데 어르신들에게 키오스크 사용은 어려운 것 같아. 나도 우리 부모님과 키오스크가 있는 식당에 가면 내가 다 주문하거든.

김영수: 그래. 새로 나오는 기술들은 어르신들께는 어렵게 느껴지기 마련이지. 그러고 보니 어제 신문 기사에서 읽었는데 요즘 식당이나 미용실을 이용하기 힘들어 하는 어르신들이 많대.

이유리: 왜?

김영수: 요즘은 미리 인터넷으로 예약하지 않으면 이용할 수 없는 곳이 많잖아. 그러니까 예전처럼 그냥 찾아갔다가 당황하는 분들이 많다는 거야.

이유리: 그렇구나. 서로의 이해관계에 따라 누군가에겐 편리하고 경제적인 기술이 다른 누군가에게는 불편하고 차별을 당하는 것처럼 느껴지는구나. 어제 부모님이 인터넷으로 식당 예약을 대신 해달라고 하셨을 때 친절하게 해 드릴걸 그랬어. 앞으로는 *디지털 약자인 어르신들을 좀 더 신경 써 드리자.

연습 1 **대화를 듣고 질문에 대답해 보세요.**

1. 영수 씨는 어르신들이 무엇을 하시는 걸 도와드렸습니까?

2. 어르신들이 미용실이나 식당을 이용하기 힘들어진 이유는 무엇입니까?

3. 유리 씨는 무엇을 후회하고 있습니까?

4. 디지털 약자인 어르신들이 하기 힘들어하시거나 불편해하시는 일은 또 뭐가 있을지 이야기해 보세요.

연습 2 아래 어휘를 사용하여 친구와 대화 연습을 해 보세요.

주문하는 걸 어려워하시다 해야 할 일을 했다 어렵게 느껴지다 친절하게 해 드리다	주문을 못하고 계시다 작은 도움을 드렸다 복잡해 보이다 귀찮아하지 말다	주문하는 법을 모르시다 방법을 말씀드렸다 낯설게 생각되다 기쁜 마음으로 도와드리다

연습 3 사회 문제에 대해 *토의해 보세요.

1. 다음 신문 기사 제목을 보고 어떤 내용일지 이야기해 보세요.

GREEN NEWS	GREEN NEWS	GREEN NEWS
낮아지는 출산율에 학교와 유치원들 문 닫아	사회적 약자들을 울리는 사기 범죄 증가해	경제적인 문제로 교육 불평등 더욱 악화되고 있어

2. 위의 문제들 중 하나를 골라 개인과 사회가 문제를 해결하기 위해 어떤 노력을 해야 할지 토의해 보세요.

개인	사회
• • •	• • •

새 어휘 어르신 Elder　키오스크 Kiosk　디지털 Digital　토의하다 To debate

듣기

준비 집값이 높아지면 생길 수 있는 사회 문제는 무엇이 있을까요?

연습 1 잘 듣고 맞으면 O, 틀리면 X 표시해 보세요. MP3 91

1. 남자는 아빠가 될 예정이다. O X
2. 남자는 예전에 집을 사 놓았다. O X
3. 오른 집값은 잘 내려가지 않는다. O X
4. 집이 없는 가정에 아이가 태어난 경우 *주거 지원을 받을 수 있다. O X
5. 내 집 마련과 출산율은 서로 관계가 있다. O X

연습 2 **다시 한 번 잘 듣고 질문에 맞는 답을 해 보세요.** MP3 92

1. 남자의 걱정은 무엇입니까?

____

____

2. 안정되지 않은 주거로 인해 생길 수 있는 문제로 남자가 예를 든 것을 모두 고르십시오.

① 출산율이 낮아진다.

② 은행에서 빌리는 돈이 증가한다.

③ 집에 대한 사기가 발생한다.

④ 주거에 대한 정보가 부족하다.

연습 3 **잘 듣고 빈칸을 채워 보세요.** MP3 93

1. 집값이 너무 올라서 제가 가진 돈으로는 ______________________________

집을 빌리는 것도 힘들겠어요.

2. 이렇게 집값이 오를 줄 알았으면 ______________________________.

3. 집이 없는 사람들은 생활이 안정되지 않아서 아이를 낳기 힘드니까 ______________

______________________.

4. 평생 열심히 일해도 집을 살 수 없다면 ______________________________ 것

같아요.

새 어휘 주거 Housing 큰돈 Large amount of money 평생 Lifetime 청년 Youth

MP3 94

매년 떨어지는 출산율에 대하여

한국의 사회 문제 중 하나로 꼽히는 것이 낮은 출산율이다. 출산율이 낮아지면 젊은 나이의 인구가 감소하고 그로 인해 *노동력 부족, 느린 경제 성장, 인구 불균형 등의 사회 문제가 생기기 마련이다. 한국의 출산율은 지난 몇십 년 동안 급격히 감소해 왔다. 1960년대 이전 한국의 출산율은 6명 이상이었다. 그러다 1960년대부터 정부에서는 아이를 적게 낳는 정책을 *시행하게 된다. 그래서 1960년대에 아이를 3명만 낳자는 운동을 시작하여 1970년대에는 '딸, 아들 구별 말고 둘만 낳아 잘 기르자'는 메시지를 강조했다. 그러나 출산율이 너무 낮아지자 2000년대 초부터 정부는 더 많은 아이의 *출산을 권하는 정책인 '출산 *장려 정책'을 시행한다. 이처럼 출산율이 떨어진 원인으로는 높은 주거 비용와 *육아에 드는 비용 부담을 꼽을 수 있다. 또한 경제가 어려워지면서 취업이 힘들어지고 사람들의 결혼 시기가 늦어진 점, 많은 여성들이 *사회 진출을 하게 되어 육아에만 집중할 수 없게 된 것도 출산율이 낮아진 원인으로 꼽힌다.

이로 인해 정부는 아이를 낳으면 육아에 필요한 비용을 지원하고 아이를 돌보는 서비스를 제공하는 등 여러 *대책을 마련하고 있으나 많은 대책들이 *일시적인 도움일 따름이어서 큰 효과를 보여 주지 못하고 있다. 나중에 가서 더 나은 대책을 고민해 볼 걸 그랬다는 후회를 하지 않도록 이제부터 주거, 교육, 육아 등 기본적인 사회 구조를 개선하고 오랫동안 도움을 줄 수 있는 대책을 마련해야 할 것이다.

새 어휘 노동력 Labor force 시행하다 To implement 출산 Childbirth 장려 Encouragement 육아 Childcare 사회 진출을 하다 To enter the society 대책 Countermeasure 일시적 Temporary 스팸 Spam(message) 통신 Communication 유출 (Data)Leakage

연습 1 글을 읽고 질문에 대답해 보세요.

1. 한국 정부의 출산 정책은 어떻게 바뀌었습니까?

____

____

2. 이 글에서 출산율이 낮아진 이유로 들지 않은 것은 무엇입니까?

① 주거 비용이 많이 든다.

② 출산을 하는 것이 힘들다.

③ 일자리를 구하기가 쉽지 않다.

④ 많은 여성들이 일을 하게 되었다.

출산율을 높이기 위해 어떤 정책이 필요할지 이야기해 보세요.

쓰기

다음은 *스팸 문자에 대한 조사 결과입니다. 조사 결과를 정리해 써 보세요.

※194P에 '-(느)ㄴ다'를 사용하여 300~400자의 글로 완성해 보세요.

조사 대상: **40-60대 남녀 300명**

조사 항목: **스팸 문자를 얼마나 자주 받으십니까?**

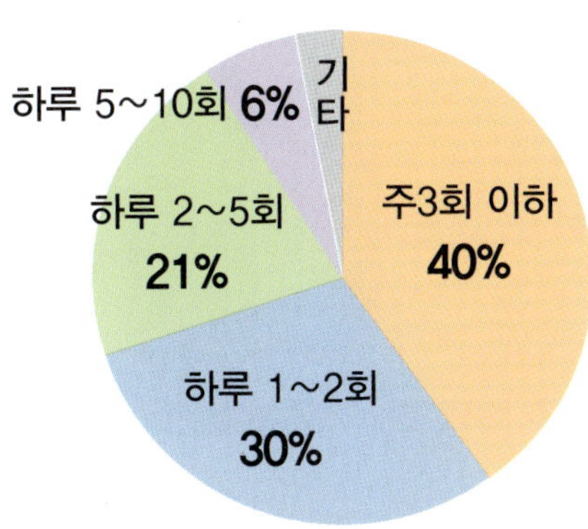

스팸 문자의 증가 원인

1. *통신 기술의 발전
2. 인터넷에서의 개인 정보 *유출
3. 범죄 목적의 스팸 증가

한국어 더하기 접미사 ②

MP3 95

N철

이사철

시험철

김장철

N짓

눈짓

발짓

손짓

N쟁이

거짓말쟁이

멋쟁이

겁쟁이

연습 1 다음 접미사와 어울리는 의미를 찾아 연결해 보세요.

1. –짓 •	• **a.** 몸을 움직이는 모양
2. –철 •	• **b.** 그러한 특성을 많이 가진 사람
3. –쟁이 •	• **c.** 일 년 중에 어떤 일을 하기 좋은 때

연습 2 다음 상황과 어울리는 어휘를 골라 문장을 완성해 보세요.

이사철	김장철	눈짓	손짓	거짓말쟁이	멋쟁이

1. ______________________에는 이사하는 사람이 많아 이삿짐센터를 예약하기가 힘들다.

2. 우리 아버지는 ______________________(이)셔서 항상 옷에 신경을 쓰신다.

3. ______________________이/가 되면 1년 동안 먹을 김치를 담그는 집이 많다.

4. 나는 손을 *흔들어 아이에게 잘 가라는 ______________________을/를 했다.

5. ______________________(이)라는 *별명이 있는 그 친구가 하는 말은 친구들이 잘 믿지 않는다.

6. 나는 눈을 여러 번 감았다 뜨는 형의 ______________________을/를 보고 아버지께 형의 비밀을 말하지 않았다.

위의 접미사를 사용한 단어로 또 무엇이 있는지 찾아보세요.

새 어휘 흔들다 To shake 별명 Nickname

원고지 사용법

1. 원고지의 한 칸에는 한 자씩 씁니다.

2. 아라비아 숫자(1, 2, 3, 4...)는 한 칸에 두 자씩 씁니다.

3. 영어 알파벳 대문자(A, B, C...)는 한 칸에 한 자씩, 소문자(a, b, c...)는 한 칸에 두 자씩 씁니다.

	저	는		10	년		전	에		그	린	한	국	어
학	원	에	서		공	부	한		A	nd	y	예	요	.

4. 글을 처음 시작할 때와 문단이 바뀔 때는 그 줄의 첫 칸을 비우고 둘째 칸부터 쓴다.

5. 띄어쓰기를 할 때에는 한 칸을 비우고 이어서 씁니다.

6. 줄의 끝에서 비울 칸이 없는 경우 띄어 쓰지 않고 다음 줄 첫 칸부터 쓴다.

	여	러	분	은		한	국	의		축	제	에		가
본		적	이		있	습	니	까	?					

7. 느낌표(!)나 물음표(?)는 글자와 마찬가지로 한 칸에 쓰고 이어지는 글은 띄어씁니다.

8. 마침표(.)나 쉼표(,)는 한 칸에 쓰는데, 이어지는 글은 한 칸을 띄지 않고 다음 칸에 바로 씁니다. 마침표나 쉼표 등의 문장 부호는 첫 칸에 오지 않으며, 윗줄의 마지막 칸 글자 옆이나 칸 밖에 씁니다.

	와	,	여	기		보	세	요	.	벚	꽃	이		너
무		예	쁘	지	요	?								

9. 말 줄임표(……)는 두 칸을 사용합니다.

	시	험	만		아	니	면		갈		수		있	는
데	…	…												

10. 큰따옴표(“ ”), 작은따옴표(‘ ’)는 칸의 구석에 치우치도록 씁니다. 따옴표는 마침표와 한 칸에 같이 씁니다.

	“	책	을		읽	자	.	‘	가	을	은		독	서
의		계	절	’	이	라	고		했	어	. ”			

쓰기 활동을 위한 원고지

1과 한옥 마을은 한국의 전통이 잘 느껴지거든요.

여러분이 가 봤거나 꼭 가 보고 싶은 유명한 여행지를 골라 써 보세요.

1. 그곳은 어디이며 어디에 위치하고 있습니까? 그곳까지 어떻게 갈 수 있습니까?
2. 그곳에서 할 수 있는 특별한 경험은 무엇입니까?
3. 그곳은 언제, 누구와 방문하면 좋습니까? 그 이유는 무엇입니까?

'-(느)ㄴ다'를 사용하여 300~400자의 글로 완성해 보세요.

2과 입구가 계단인 탓에 휠체어로는 들어갈 수가 없어요.

다음의 두 문제 중 하나를 골라 대처할 방법을 제시해 보세요.

문제 1 저는 대학교에 가면 집을 구해서 혼자 살고 싶은데 부모님의 반대에 부딪혔습니다. 부모님은 아직은 제가 어려서 혼자 사는 것이 위험하고 돈이 많이 들어서 안 된다고 하십니다. 저는 어떻게 하면 좋을까요?

문제 2 저는 신입 사원이라서 아직 일을 하는데 시간이 걸립니다. 저는 제가 맡은 일을 끝까지 제 힘으로 하고 싶은데 저의 상사는 자신이 도와주겠다면서 제가 맡은 일을 다 해 버려서 갈등이 생깁니다. 저는 어떻게 하면 좋을까요?

'-(스)ㅂ니다'를 사용하여 300~400자의 글로 완성해 보세요.

3과 인터넷 사용의 필요성을 느낀 사람들이 PC방을 찾기 시작했대.

우리 생활의 질을 향상시킨 발명을 하나 골라서 소개해 보세요.

1. 그것은 누가 언제 발명했습니까?
2. 그것을 발명하기 전에 사람들의 생활은 어땠습니까?
3. 그것이 발명된 후에 생활의 질은 어떻게 향상되었습니까?

'-(스)ㅂ니다'를 사용하여 300~400자의 글로 완성해 보세요.

4과 잘못된 자세로 일하다가는 일상생활도 불편해질 수 있어.

여러분의 나라에서 아플 때 집에서 직접 치료하는 전통적인 방법을 소개해 보세요.

1. 그 전통적인 치료 방법은 어디가 어떻게 아플 때 사용합니까?
2. 그 전통적인 치료 방법을 위해서 무엇이 필요합니까?
3. 그것은 어떤 순서나 방식으로 환자를 치료합니까?

'-(스)ㅂ니다'를 사용하여 300~400자의 글로 완성해 보세요.

5과 안전 규칙만 잘 지키면 사고가 날 리 없어요.

여러분의 나라에서 일어난 사건이나 사고에 대해 써 보세요.

1. 언제, 어디에서, 어떤 사건이나 사고가 일어났습니까?
2. 그 사건이나 사고가 일어난 원인은 무엇이며 어떤 피해가 있었습니까?
3. 그런 사건이나 사고를 예방하려면 어떻게 해야 합니까?

'-(느)ㄴ다'를 사용하여 300~400자의 글로 완성해 보세요.

6과 사실 난 너와 달리 내성적이고 부끄러움이 많잖아.

여러분이 닮고 싶은 성격의 인물에 대해 써 보세요.

1. 여러분이 닮고 싶은 사람은 누구입니까? 소개해 보세요.
2. 여러분은 그 사람의 어떤 성격을 닮고 싶습니까? 왜 그렇습니까?
3. 그 사람의 성격을 닮아가려면 어떤 노력을 해야 한다고 생각합니까?

'-(느)ㄴ다'를 사용하여 300~400자의 글로 완성해 보세요.

7과 요즘은 일과 삶의 균형을 찾으려는 사람들이 많다.

다음 세 가지 주제 중 하나를 골라 여러분이 바라는 직장 문화를 써 보세요.

- 회식
- 회의
- 점심시간

1. 여러분 나라의 직장 문화는 어떻습니까? (여러분이 고른 주제에 대해 쓰십시오.)
2. 그것의 좋은 점과 나쁜 점은 무엇입니까?
3. 여러분은 직장 문화가 어떻게 달라지기를 바랍니까? 그 이유는 무엇입니까?

'-(느)ㄴ다'를 사용하여 300~400자의 글로 완성해 보세요.

8과 학교는 공부뿐 아니라 사회성을 배우는 곳이기도 합니다.

아이를 교육하는 올바른 방법에 대한 자신의 생각을 써 보세요.

1. 아이에게 어떤 가정 교육이 필요합니까?
2. 그럴 때 어떤 방법으로 아이를 교육하는 것이 올바르다고 생각합니까? 그 이유는 무엇입니까?
3. 아이를 교육할 때 어떤 점에 주의해야 합니까?

'-(느)ㄴ다'를 사용하여 300~400자의 글로 완성해 보세요.

100

200

300

400

9과 인터넷으로 드라마면 드라마, 음악 방송이면 음악 방송 뭐든지 볼 수 있어요.

텔레비전이나 라디오 같은 기존의 대중매체와 요즘 유행하는 1인 미디어를 비교해 보세요.

1. 기존의 대중 매체와 1인 미디어의 공통점은 무엇입니까?
2. 기존의 대중 매체와 1인 미디어의 차이점은 무엇입니까?
3. 여러분이 선호하는 것은 무엇이며 그 이유는 무엇입니까?

'-(느)ㄴ다'를 사용하여 300~400자의 글로 완성해 보세요.

10과 나는 동생이 한국어를 많이 배운 줄 알았지.

다음은 스팸 문자에 대한 조사 결과입니다. 조사 결과를 정리해 써 보세요.

조사 대상: **40-60대 남녀 300명**

조사 항목: **스팸 문자를 얼마나 자주 받으십니까?**

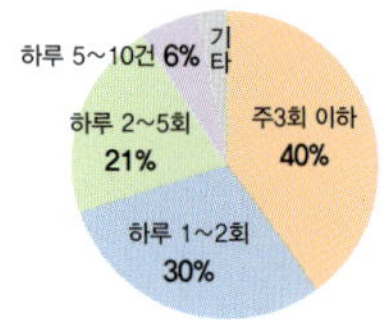

스팸 문자의 증가 원인

1. *통신 기술의 발전
2. 인터넷에서의 개인 정보 *유출
3. 범죄 목적의 스팸 증가

'-(느)ㄴ다'를 사용하여 300~400자의 글로 완성해 보세요.

1과

MP3 06 MP3 07 pp. 26-27

남자: 저는 지금 경상북도 안동에 위치한 하회 마을에 있습니다. '하회'는 '강이 돌아 흐른다'는 뜻으로, 낙동강이 마을을 감싸듯이 돌아 흐르는 모습에서 지어진 이름입니다. 하회 마을은 600년의 역사를 가지고 있는 곳인데 지금도 전통 한옥이 잘 보전되어 있어 이곳을 찾은 관광객들의 눈길을 사로잡습니다. 이곳에는 아직도 주민들이 생활하고 있기 때문에 마치 한국의 과거로 시간 여행을 온 기분이 든다고 하시는 분들이 많습니다. 하회 마을은 한국의 전통 탈춤과 전통 생활 문화, 전통 건축 문화를 모두 경험할 수 있는 아주 귀중한 장소입니다. 마을 중심에는 마을을 보호해 준다고 믿어지는 오래된 나무가 있는데 이 나무에는 소원을 적은 종이가 가득 달려 있습니다. 여러분도 이곳에 오시면 작은 소원 하나 빌어 보시는 것이 좋겠습니다.
안동에 온 김에 안동의 유명한 음식도 먹어 봐야겠지요? 안동의 여러 먹거리 중에서도 가장 많이 알려진 음식은 바로 안동 찜닭입니다. 안동 찜닭은 닭고기와 채소에 간장과 양념을 넣어 만든 음식인데요, 맵지 않고 여러 재료가 잘 어우러져서인지 외국인들도 많이 찾는다고 합니다. 여러분도 시간을 내서 눈과 입이 즐거운 안동 하회마을로 꼭 한번 와 보시기 바랍니다.

MP3 08 p. 27

1. '하회'는 '강이 돌아 흐른다'는 뜻으로, 낙동강이 마을을 감싸듯이 돌아 흐르는 모습에서 지어진 이름입니다.
2. 마을 중심에는 마을을 보호해 준다고 믿어지는 오래된 나무가 있는데 이 나무에는 소원을 적은 종이가 가득 달려 있습니다.
3. 안동에 온 김에 안동의 유명한 음식도 먹어 봐야겠지요?
4. 맵지 않고 여러 재료가 잘 어우러져서인지 외국인들도 많이 찾는다고 합니다.

2과

MP3 15 MP3 16 pp. 42-43

남자: 이리나 씨, 이제 한국어를 한국 사람처럼 잘하시네요. 처음 한국에 왔을 때는 한국어 때문에 겪는 어려움이 많았지요?

여자: 네. 맞아요. 한번은 두통이 심했는데도 병원에 갈까 말까 한참 망설인 적이 있어요. 한국어를 잘 못하는 탓에 병원에 가기가 무서웠거든요.

남자: 아이고, 그래서 어떻게 했어요?

여자: 반 친구가 외국인 종합 안내센터 전화번호를 알려줬어요. 그래서 그곳에 전화해 도움을 요청했죠. 그곳에서 통역 서비스를 지원해 주셔서 걱정 없이 병원에서 치료를 받았어요. 그 후로도 한국에서 살면서 어떤 문제가 생기거나 통역이 필요하면 외국인 종합 안내센터에 도움을 요청해요.

남자: 저는 처음 들었어요. 그곳에서 상담을 받으려면 어떻게 해야 해요?

여자: 아주 간단해요. 1345번만 누르면 되거든요.

남자: 그렇군요. 그곳에 대해 좀 더 설명해 주세요.

여자: 평일 오전 9시부터 오후 6시까지 몽골어, 프랑스어, 러시아어 등 20개 언어로 상담이 가능해요. 그 후 10시까지는 한국어, 영어, 중국어 상담 서비스만 제공되고요. 이런 서비스가 있는 걸 모르고 한국어가 서툰 탓에 문제의 해결책을 찾기 전에 미리 포기해 버리고 마는 사람들도 있는데 안타까워요.

남자: 그렇지요. 그런데 어떤 문제를 상담받을 수 있어요?

여자: 통역 서비스, 비자 문제 상담, 생활 편의 안내뿐만 아니라 법률 상담도 해 줘요.

남자: 와, 외국인들에게 아주 좋은 서비스인데요. 제 외국인 친구들에게도 알려줘야겠어요.

MP3 17 p. 43

1. 한번은 두통이 심했는데도 병원에 갈까 말까 한참 망설인 적이 있어요.
2. 한국어를 잘 못하는 탓에 병원에 가기가 무서웠거든요.
3. 그 후로도 한국에서 살면서 어떤 문제가 생기거나 통역이 필요하면 외국인 종합 안내센터에 도움을 요청해요.
4. 이런 서비스가 있는 걸 모르고 한국어가 서툰 탓에 문제의 해결책을 찾기 전에 미리 포기해 버리고 마는 사람들도 있는데 안타까워요.

3과

MP3 25 MP3 26 pp. 60–61

여자: 한국인의 식탁에 빠질 수 없는 것이 바로 김치입니다. 겨울에 채소를 구하기가 힘들었던 한국 사람들은 늦은 가을이나 이른 겨울에 김치를 담가 다음 해까지 먹었습니다. 예전에는 김치를 땅에 묻어서 보관을 하기도 하였으나 지금에 비해 김치를 보관하는 데 큰 어려움을 겪었습니다.
그 후 냉장고가 발명되자 사람들은 식재료를 오랫동안 보관할 수 있게 되었고 생활의 질은 매우 향상되었습니다. 그렇지만 보통의 냉장고는 김치를 오래 보관할 경우 김치 맛이 변하기도 하고 냄새가 나기도 하는 등의 문제가 발생하였습니다. 그러한 문제 때문에 많은 가정에서 김치가 그냥 버려질 뻔하기도 하였습니다. 이런 부분을 개선하여 1995년 발명된 제품이 김치냉장고입니다. 김치냉장고는 온도뿐만 아니라 습도까지 원하는 대로 조절할 수 있어 김치를 맛있고 오랫동안 보관할 수 있게 만들어진 냉장고입니다.
김치냉장고의 발명으로 한국 사람들은 김치를 더 편리하고 신선하게 보관할 수 있게 되었습니다. 또한 김치냉장고는 김치가 더 잘 발효되도록 도와주고 원하는 김치의 맛을 일정하게 유지시켜 주는 기능이 있어 얼마나 익은 정도의 김치를 좋아하냐에 따라 마음대로 맛을 조절할 수 있게 되었습니다. 그 결과 오늘날 김치냉장고는 한국의 많은 가정에 꼭 필요한 가전제품이 되었으며 김치뿐만 아니라 다양한 식품들을 보관하는 데도 사용되고 있습니다.

MP3 27 p. 61

1. 예전에는 김치를 땅에 묻어서 보관을 하기도 하였으나 지금에 비해 김치를 보관하는 데 큰 어려움을 겪었습니다.
2. 그러한 문제 때문에 많은 가정에서 김치가 그냥 버려질 뻔하기도 하였습니다.
3. 김치냉장고는 온도뿐만 아니라 습도까지 원하는 대로 조절할 수 있어 김치를 맛있고 오랫동안 보관할 수 있게 만들어진 냉장고입니다.
4. 또한 김치냉장고는 김치가 더 잘 발효되도록 도와주고 원하는 김치의 맛을 일정하게 유지시켜 주는 기능이 있어 얼마나 익은 정도의 김치를 좋아하냐에 따라 마음대로 맛을 조절할 수 있게 되었습니다.

4과

MP3 34 MP3 35 pp. 76–77

남자: 안녕하십니까? 오늘은 질병 예방의 중요성에 대해 말씀드리겠습니다. 건강은 우리가 가진 최고의 재산입니다. 돈이 많든 회사에서 인정을 받든 건강을 잃어버리면 아무 소용이 없습니다. 그런데 우리는 종종 통증을 느끼다가 병에 걸려 뒤늦게 병원을 찾은 후에 건강의 중요성을 깨닫게 됩니다. 그러나 병을 치료하고 건강을 회복하려면 돈과 시간이 많이 들고 심할 경우 치료가 되지 않기도 합니다. 그러므로 병의 치료보다 중요한 것은 평소에 건강 관리를 하는 것입니다. 질병을 예방하는 습관을 가지면 우리는 건강하고 행복하게 살 수 있으며 정신적으로도 더 안정된 상태를 유지할 수 있습니다.
그러면 질병 예방의 비결은 무엇일까요? 바로 몸에 좋은 신선한 음식을 먹고 충분히 잠을 자는 것입니다. 운동 역시 필요한데 한 번에 많은 운동을 하는 것보다 적은 시간이라도 매일매일 꾸준히 하는 것이 중요합니다. 또한 나이에 따라 건강 검진을 미리 받으면 건강 검진을 받으면 병을 조기에 발견할 수 있습니다. 마지막으로 자기에게 필요한 영양제를 골라 꾸준히 복용하고 예방 주사를 맞는 것도 병을 예방하는 방법입니다. 아마 제 이야기를 듣고 이거 모르는 사람이 누가 있냐고 하시면서 실망하시는 분도 계실 것입니다. 하지만 이미 알고 있는 이 건강 상식들이 우리 건강을 지키는 최고의 비결입니다. 건강한 생활 습관의 실천을 미루다가는 나중에 후회하게 될 수 있습니다. 지금 바로 건강한 생활 습관을 실천하시기 바랍니다.

MP3 36 p. 77

1. 돈이 많든 회사에서 인정을 받든 건강을 잃어버리면 아무 소용이 없습니다.
2. 병을 치료하고 건강을 회복하려면 돈과 시간이 많이 들고 심할 경우 치료가 되지 않기도 합니다.
3. 운동 역시 필요한데 한 번에 많은 운동을 하는 것보다 적은 시간이라도 매일매일 꾸준히 하는 것이 중요합니다.
4. 건강한 생활 습관의 실천을 미루다가는 나중에 후회하게 될 수 있습니다.

5과

MP3 44 MP3 45 pp. 94–95

여자: 최근 인터넷에서 가짜 뉴스가 퍼지는 사건이 자주 일어나고 있는데요. 지난 10일 영화배우 한영호 씨는 인터넷에 자신에 대한 거짓 내용을 올린 송 모 씨를 명예 훼손으로 고소했습니다. 경찰에 따르면 송 모 씨는 한영호 씨가 영화를 찍는 현장에 술을 마시고 오거나 화가 나면 집에 가 버리는 행동을 해서 감독과 동료들을 곤란하게 했으며 지난달에는 동료에게 폭력을 쓴 일도 있지만 어떤 처벌도 받지 않았다는 내용을 인터넷에 올렸다고 합니다. 이런 내용이 인터넷으로 퍼지면서 한영호 씨가 그럴 리가 없다는 팬들의 목소리도 나왔지만 한편에서는 한영호 씨에게 실망했다는 목소리가 커지면서 한영호 씨가 나온 영화를 보지 말자는 사람들이 많아지고 있습니다. 한영호 씨는 송 모 씨가 올린 가짜 뉴스로 인해 자신의 명예가 크게 훼손되어 더는 참을 수 없다면서 이번 고소를 계기로 자신에 대한 오해가 풀려야 할 텐데 오해가 계속될까 봐 걱정이라고 전했습니다.

전문가들은 가짜 뉴스를 올리는 일을 오해나 실수로 생각할 것이 아니라 심각하게 법을 위반해 처벌을 받을 수 있는 행동이라는 것을 인식해야 한다고 입을 모았습니다. 또한 기사를 볼 때도 인터넷에서 퍼진 뉴스들을 무조건 믿지 말고 사실인지 아닌지 확인해 보는 태도가 필요하다고 덧붙였습니다.

송 모 씨가 앞으로 어떤 처벌을 받을지 관심이 모아지고 있습니다. GBS 뉴스, 김현정이었습니다.

MP3 46 p. 95

1. 지난 10일 영화배우 한영호 씨는 인터넷에 자신에 대한 거짓 내용을 올린 송 모 씨를 명예 훼손으로 고소했습니다.

2. 경찰에 따르면 송 모 씨는 한영호 씨가 영화를 찍는 현장에 술을 마시고 오거나 화가 나면 집에 가 버리는 행동을 해서 감독과 동료들을 곤란하게 했으며 지난달에는 동료에게 폭력을 쓴 일도 있지만 어떤 처벌도 받지 않았다는 내용을 인터넷에 올렸다고 합니다.

3. 이런 내용이 인터넷으로 퍼지면서 한영호 씨가 그럴 리가 없다는 팬들의 목소리도 나왔지만 한편에서는 한영호 씨에게 실망했다는 목소리가 커지면서 한영호 씨가 나온 영화를 보지 말자는 사람들이 많아지고 있습니다.

4. 한영호 씨는 송 모 씨가 올린 가짜 뉴스로 인해 자신의 명예가 크게 훼손되어 더는 참을 수 없다면서 이번 고소를 계기로 자신에 대한 오해가 풀려야 할 텐데 오해가 계속될까 봐 걱정이라고 전했습니다.

6과

MP3 53 MP3 54 pp. 110–111

여자: 내가 아까 친구를 만났는데 나한테 겸손한 것도 지나치면 안 좋다고 하는 거야. 겸손한 건 좋은 거 아니야?

남자: 보통은 그렇지. 그런데 너무 지나치면 사람들에게 그 겸손이 진심이 아닌 것처럼 느껴질 수 있다는 거 아닐까? 나도 어렸을 때 누군가에게 잘 보이려고 지나치게 칭찬을 하는 바람에 오히려 상대방을 어색하게 만든 적이 있거든.

여자: 흠, 그래? 사실 난 너와 달리 내성적이고 부끄러움이 많잖아. 그래서 사람들과 잘 지내려고 더 겸손한 태도로 사람들을 대한 건데 좀 더 깊게 생각했어야 했나 봐.

남자: 에이, 그럴 수도 있지. 그래도 겸손한 태도가 이기적이고 까다로운 태도보다 훨씬 낫지.
내가 어떤 책에서 봤는데 사람들에게 좋은 인상을 주는 건 어렵지 않대. 우선 긍정적으로 생각하고 표현하는 게 중요하대. 예를 들어, 컵에 물이 반쯤 있다면, 물이 반 밖에 안 남았다고 생각하기 보다는 물이 반이나 남았구나 하고 기쁜 마음을 갖는 거지.

여자: 아, 그렇구나. 어떤 상황에서든지 긍정적으로 생각하는 게 정말 중요한 것 같아.

남자: 또 누구나 아는 거지만 상대방의 눈을 보면서 말을 잘 들어주고 스스로가 편안한 태도로 사람들을 대하는 게 중요하대. 아, 마침 대화의 기술에 대한 책을 사러 서점에 가려던 참인데 같이 갈래?

여자: 그럴까? 좋아. 나도 간 김에 책 한 권 사야겠다.

MP3 55 p. 111

1. 나도 어렸을 때 누군가에게 잘 보이려고 지나치게 칭찬을 하는 바람에 오히려 상대방을 어색하게 만든 적이 있거든.

2. 그래서 사람들과 잘 지내려고 더 겸손한 태도로 사람들을 대한 건데 좀 더 깊게 생각했어야 했나 봐.

3. 우선 긍정적으로 생각하고 표현하는 게 중요하대.

4. 마침 대화의 기술에 대한 책을 사러 서점에 가려던 참인데 같이 갈래?

7과

MP3 63 MP3 64 pp. 128–129

여자: 오늘은 직장인 김민수 씨를 모시고 회식 문화에 대해 말씀 나눠 보겠습니다. '회식' 하면 '술'을 떠올리는 분들이 많으신데요.

남자: 네. 맞습니다. 예전에는 1차에서 술을 많이 마시고도 2차, 3차까지 술을 마시러 가는 일도 종종 있었습니다. 그래서 회식하는 날은 늦게 퇴근했기에 다음 날 출근하기가 너무 힘들었습니다. 또 회식 후에 집에 가면 옷도 갈아입지 않은 채로 잔 적도 많았습니다.

여자: 힘드셨겠네요. 그런데 요즘은 회식 분위기가 많이 달라졌다고 들었습니다.

남자: 요즘은 회식 장소부터 팀원들의 의견을 조율해서 정합니다. 그리고 본인이 원하지 않으면 술을 마시지 않고 밥만 먹어도 아무도 눈치를 주지 않습니다.

여자: 그렇군요. 그런데 다른 활동을 하는 경우도 많아졌다고 들었습니다.

남자: 네. 다 같이 재미있는 공연을 보기도 하고 좀 더 의미 있는 시간을 보내자는 뜻에서 봉사 활동을 하기도 합니다. 팀원들끼리 더 많은 이야기를 나눌 수 있고 서로 협력하면서 더 빨리 가까워질 수 있어서 좋더라고요.

여자: 그렇습니다. 이제 달라진 회식 문화가 일상에서 자연스럽게 느껴지는 것 같습니다. 마지막으로 회식에 대해 한 말씀 해 주시겠습니까?

남자: 회식은 팀원들끼리 서로의 고민을 나누고 응원하는 자리라는 본래의 의미를 잊지 않았으면 좋겠습니다.

여자: 오늘 좋은 말씀 감사합니다.

MP3 65 p. 129

1. 예전에는 1차에서 술을 많이 마시고도 2차, 3차까지 술을 마시러 가는 일도 종종 있었습니다.
2. 그래서 회식하는 날은 늦게 퇴근했기에 다음 날 출근하기가 너무 힘들었습니다.
3. 또 회식 후에 집에 가면 옷도 갈아입지 않은 채로 잔 적도 많았습니다.
4. 회식은 팀원들끼리 서로의 고민을 나누고 응원하는 자리라는 본래의 의미를 잊지 않았으면 좋겠습니다.

8과

MP3 72 MP3 73 pp. 144–145

남자: 1950년대 세계에서 가장 가난한 나라였던 한국의 경제 발전 속도는 세계가 놀랄 정도였다. 한국의 높은 교육열은 이와 같은 빠른 경제 발전을 가능하게 한 여러 이유 중의 하나이다. 한국은 작고 자원이 부족한 나라이다. 그러므로 한국이 발전하기 위해서는 교육을 받은 인재들이 필요했다. 그 시절 부모들은 어떤 고생을 하더라도 자식들을 더 많이 공부시키고 싶어 했고 대학을 가기만 하면 성공할 수 있다고 믿었다. 자식들의 교육을 위해 망설이지 않고 자신을 희생하다니, 한국 부모들의 학구열은 지금 생각해도 놀랄 수밖에 없다. 이렇게 교육을 중요하게 생각하는 문화는 우수한 인재를 만들고 높은 기술이 요구되는 제품을 생산할 수 있게 했다. 물론 이 과정에서 아이들이 너무 공부만을 강요당하거나 심한 입시 경쟁으로 많은 스트레스를 받는 등의 문제들도 있었다. 하지만 한국의 교육열로 인해 고학력의 인재들이 생겼고 그들은 경제 성장에 필요한 기술과 노동력을 제공함으로써 오늘날의 한국이 있게 해 준 가장 큰 힘이 된 셈이다. 시간이 많이 흘렀지만 아직도 한국의 높은 교육열은 식지 않았다. 이제 입시 위주의 교육에서 벗어나 아이들이 비판적으로 사고할 수 있는 힘을 키우고 높은 인격을 형성할 수 있는 교육을 받을 수 있도록 우리 모두 노력할 때라고 본다.

MP3 74 p. 145

1. 그 시절 부모들은 어떤 고생을 하더라도 자식들을 더 많이 공부시키고 싶어 했고 대학을 가기만 하면 성공할 수 있다고 믿었다.
2. 자식들의 교육을 위해 망설이지 않고 자신을 희생하다니, 한국 부모들의 학구열은 지금 생각해도 놀랄 수밖에 없다.
3. 물론 이 과정에서 아이들이 너무 공부만을 강요당하거나 심한 입시 경쟁으로 많은 스트레스를 받는 등의 문제들도 있었다.
4. 이제 입시 위주의 교육에서 벗어나 아이들이 비판적으로 사고할 수 있는 힘을 키우고 높은 인격을 형성할 수 있는 교육을 받을 수 있도록 우리 모두 노력할 때라고 본다.

9과

MP3 82 MP3 83 pp. 162–163

여자: 오늘도 생방송으로 보내드리는 '음악 여행!'. 잠시 후에 여러분이 기다리시던 김그린 씨가 출연하실 예정입니다.
남자: 네, 오늘 이 무대에서 새로 나온 노래를 최초로 공개하신다고 하니까 채널 고정해 주세요!
여자: 노래면 노래, 작곡이면 작곡, 어느 것 하나 부족한 게 없는 김그린 씨를 모시고 노래를 듣기 전에 잠깐 이야기 나눠 보겠습니다.
남자: 안녕하세요, 김그린 씨. 오늘 그린 씨를 보러 이렇게 많은 팬분들이 오셨습니다. 김그린 씨의 노래는 항상 나오자마자 화제가 되니까 이번 노래도 매우 기대가 됩니다.
김그린: 저를 사랑해 주시고 기다려 주신 여러분께 늘 감사드립니다. 이번 신곡은 신나는 댄스곡입니다. 지금까지는 계속 조용한 노래만 불렀었는데 이번 곡은 제 노래치고 꽤 빠른 편입니다. 이번엔 춤도 보여 드릴 예정이에요.
여자: 김그린 씨의 춤을 볼 수 있다니 너무 궁금하네요. 춤 연습을 많이 하셨다고 들었는데, 그래서 그런지 긴장을 하나도 안 하시는 것 같아요.
김그린: 아닙니다. 긴장을 안 하는 척하고 있지만 사실은 너무 떨려요.
남자: 하하하, 앞으로의 활동 계획은 어떻게 되시나요?
김그린: 오늘부터 텔레비전과 인터넷 방송 등 여러 미디어에 출연해서 여러분께 인사를 드릴 예정이고요. 다음 달부터는 전국 투어 콘서트가 예정되어 있으니까요, 많이 보러 와 주세요.
여자: 자, 그럼 김그린 씨의 신곡을 들으러 가 볼까요? 여러분의 큰 박수 부탁드립니다.

MP3 84 p. 163

1. 노래면 노래, 작곡이면 작곡, 어느 것 하나 부족한 게 없는 김그린 씨를 모시고 노래를 듣기 전에 잠깐 이야기 나눠 보겠습니다.
2. 김그린 씨의 노래는 항상 나오자마자 화제가 되니까 이번 노래도 매우 기대가 됩니다.
3. 지금까지는 계속 조용한 노래만 불렀었는데 이번 곡은 제 노래치고 꽤 빠른 편입니다.
4. 긴장을 안 하는 척하고 있지만 사실은 너무 떨려요.

10과

MP3 91 MP3 92 pp. 178–179

여자: 아침부터 왜 한숨이에요?
남자: 이제 아이가 태어나니까 내 집을 마련하려고 부동산을 돌아다니는 중이거든요. 그런데 집값이 너무 올라서 제가 가진 돈으로는 집을 사기는커녕 집을 빌리는 것도 힘들겠어요. 이렇게 집값이 오를 줄 알았으면 예전에 집을 사 놓을 걸 그랬어요.
여자: 정부에서도 집값 문제를 해결하려고 계속 노력하고 있지만 실제로 집값이 내려갔다고 느껴지지는 않는 것 같아요.
남자: 집값이 오르면 쉽게 내려가지 않으니까요. 그런데 이 문제가 우리 사회에 미치는 영향이 큰 것 같아요. 집이 없는 사람들은 생활이 안정되지 않아서 아이를 낳기 힘드니까 그 때문에 출산율이 낮아지기 마련이에요. 그리고 집값으로 사기를 치는 사람들 때문에 큰돈을 잃는 피해자들도 계속 발생하고 있고요.
남자: 맞아요. 평생 열심히 일해도 집을 살 수 없다면 사회적 불평등이 점점 악화될 것 같아요.
여자: 참! 얼마 전에 정부에서 아직 내 집을 마련하지 못한 가정에서 아이가 태어나면 집을 빌리거나 살 수 있게 돈을 지원해 준다는 뉴스를 봤는데 알고 계세요? 그리고 대학생이나 처음 사회 생활을 시작한 청년들에게 저렴한 가격에 집을 빌려주는 제도도 있으니까 한번 알아보세요.
남자: 아, 그래요? 지금까지 부동산에서 얻은 정보로만 알아봤는데 정부에서 지원해주는 제도도 한번 잘 찾아봐야겠어요. 정말 고마워요.
여자: 뭘요. 제가 다른 데서 들은 걸 알려드렸을 따름인데요.

MP3 93 p. 179

1. 집값이 너무 올라서 제가 가진 돈으로는 집을 사기는커녕 집을 빌리는 것도 힘들겠어요.
2. 이렇게 집값이 오를 줄 알았으면 예전에 집을 사 놓을 걸 그랬어요.
3. 집이 없는 사람들은 생활이 안정되지 않아서 아이를 낳기 힘드니까 그 때문에 출산율이 낮아지기 마련이에요
4. 평생 열심히 일해도 집을 살 수 없다면 사회적 불평등이 점점 악화될 것 같아요.

정답 Answers

1과

어휘와 표현

p. 17

연습 1

1. 관광객이 모여든다
2. 인구 분포
3. 북부
4. 수도권
5. 전국 곳곳

연습 2

1. 먹거리가 풍부한
2. 입맛을 사로잡을
3. 전통을 보전하고
4. 경치가 빼어난
5. 특색이 있는

문법 1

p. 19

연습 1

1. 찾는 김에
2. 꺼내는 김에
3. 만드는 김에
4. 입은 김에
5. 생각난 김에
6. 숙제하는 김에
7. 간 김에

문법 2

p. 21

연습 1

1. 여행을 가는지
2. 살았는지
3. 싱거운지
4. 높은지
5. 유행인지
6. 무리했는지
7. 찾는지

문법 3

p. 23

연습 1

1. 믿어져요
2. 느껴지거든요
3. 써져서
4. 지어졌어요
5. 외워지지
6. 끊어졌나

연습 2

1. 켜져요
2. 이루었어요
3. 정해요
4. 쏟았어요
5. 지워졌어요

말하기

p. 24

연습 1

1. 친구의 결혼식이 있습니다.
2. 콩나물국밥과 비빔밥이 가장 유명합니다.
3. KTX를 타면 2시간 30분쯤 걸립니다.
4. 한옥 마을과 막걸리 마을을 추천했습니다.

듣기

pp. 26–27

연습 1

1. O
2. X
3. X
4. O
5. O

연습 2

1. 사람들의 소원을 쓴 종이가 달려 있습니다.
2. 전통 탈춤, 전통 생활 문화, 전통 건축 문화

연습 3

1. 돌아 흐르는 모습에서 지어진 이름입니다
2. 마을을 보호해 준다고 믿어지는 오래된 나무

3. 안동에 온 김에
4. 여러 재료가 잘 어우러져서인지

읽기 p. 29

연습 1

1. 스키장 – 스키를 즐길 수 있다.
   대관령 눈꽃축제 – 눈으로 만든 조각상을 감상할 수 있고 눈썰매를 탈 수 있다.
   송어축제 – 송어를 잡을 수 있고 송어를 요리해서 먹을 수 있다.
2. ②

2과

어휘와 표현 p. 33

연습 1

1. 실행하기가
2. 해결책을 제시해
3. 어려움을 겪었다
4. 입장이 다르니까
5. 반대에 부딪혔어요
6. 문제를 다룬

연습 2

1. 갈등이 생기면
2. 서비스를 지원하고
3. 항의할
4. 대처할
5. 편의를 제공하기
6. 마련해

문법 1 p. 35

연습 1

1. 좁은 탓에
2. 걸린 탓에
3. 더운 탓에
4. 먼 탓에
5. 사는 탓에
6. 확인하지 않은 탓인
7. 재미없는 탓에
8. 네 탓이야

문법 2 p. 37

연습 1

1. 먹고 말았어요
2. 들고 말았어
3. 헤어지고 말았대요
4. 올라가고 말겠어요
5. 부딪히고 말았어
6. 되고 말겠어요
7. 쏟고 말았어요
8. 죽고 말 거예요

문법 3 p. 39

연습 1

1. 갈까 말까 하고
2. 신을까 말까 하는
3. 배울까 말까 하고
4. 만들까 말까 하는
5. 버릴까 말까 하고
6. 알릴까 말까 하다가
7. 입을까 말까 하다가
8. 할까 말까 했어

말하기 p. 40

연습 1

1. 휠체어로 다닐 길을 만드는 공사를 합니다.
2. 장애인 주차 공간, 장애인 화장실
3. 장애가 있는 학생들이 수업을 듣는 데 어려움을 겪지 않도록 하기 위해서입니다.
4. 걷기 힘든 친구들은 수업 듣는 것을 포기하게 되고 말 거라고 합니다.

듣기 pp. 42–43

연습 1

1. X
2. O
3. O
4. X
5. X

연습 2

1. 외국인 종합 안내센터 전화번호는 1345번입니다.
2. 한국어, 영어, 중국어 서비스만 제공됩니다.

연습 3

1. 병원에 갈까 말까 한참 망설인
2. 한국어를 잘 못하는 탓에
3. 어떤 문제가 생기거나 통역이 필요하면
4. 해결책을 찾기 전에 미리 포기해 버리고 마는

읽기 p. 45

연습 1

1. ②
2. ④

한국어 더하기 p. 47

연습 1

1. c
2. e
3. a
4. f
5. b
6. d

연습 2

1. 티끌 모아 태산이라고
2. 산 넘어 산이라더니
3. 종로에서 뺨 맞고 한강에 가서 화풀이하니
4. 식은 죽 먹기지
5. 호랑이도 제 말하면 온다더니
6. 소 귀에에 경 읽기예요

3과

어휘와 표현 p. 51

연습 1

1. 발명하셨다
2. 손쉽게
3. 결과를 낳을
4. 발견한
5. 개발에 힘쓰고

연습 2

1. 개선하면서
2. 필요성을 느끼게
3. 가능해졌을 뿐만 아니라
4. 생활의 질이 향상되었다고
5. 좋은 반응을 얻고

문법 1 p. 53

연습 1

1. 계절이냐에 따라
2. 누가 만들었냐에 따라
3. 얼마나 오냐에 따라
4. 어디에서 묵냐에 따라/묵는 숙박 시설에 따라
5. 지역에 따라/어느 지역의 김치냐에 따라
6. 어디가 아프냐에 따라/아픈 곳에 따라
7. 얼마나 친하냐에 따라/친한 정도에 따라
8. (자율) 평일이냐 주말이냐에 따라

문법 2 p. 55

연습 1

1. 잊어버릴 뻔했어요
2. 사고가 날 뻔했어요
3. 못 볼 뻔했어요
4. 먹을 뻔 했거든요
5. 태울 뻔했어요
6. 못 만들 뻔했는데
7. 들을 뻔했다고

문법 3 p. 57

연습 1

1. 작년에 비해(서)
2. 먹는 양에 비해(서)
3. 월세 가격에 비해(서)
4. 공부하는 시간에 비해(서)
5. 나이에 비해(서)
6. 크기에 비해(서)
7. 실력에 비해(서)

말하기 p. 58

연습 1

1. 밤을 새워 게임하다가 학교에 늦을 뻔했습니다.
2. 게임을 많이 합니다.
3. 커피를 마시려면 커피숍에 가야 했기 때문입니다.
4. 손쉽고 저렴하게 마실 수 있기 때문입니다.

듣기 pp. 60–61

연습 1

1. X
2. O
3. O
4. O
5. X

연습 2

1. 1) 김치가 맛이 변합니다.
   2) 냄새가 납니다.
2. 얼마나 익은 김치를 좋아하냐에 따라 맛을 조절할 수 있습니다.

연습 3

1. 지금에 비해 김치를 보관하는 데 큰 어려움을 겪었습니다
2. 김치가 그냥 버려질 뻔하기도 하였습니다
3. 습도까지 원하는 대로 조절할 수 있어
4. 얼마나 익은 정도의 김치를 좋아하냐에 따라

읽기 p. 63

연습 1

1. 1972년에 프랑스 국립도서관에서 발견되었습니다.
2. 사람들은 전에 비해 책을 빠르게 만들 수 있게 되었고 책의 내용을 손쉽게 읽고 배울 수 있게 되었습니다.

4과

어휘와 표현 p. 67

연습 1

1. 회복했다
2. 예방 주사를 맞아야
3. 통증을 느낀다
4. 몸살이 나서
5. 영양제를 복용해
6. 독감에 걸렸대

연습 2

1. 안색이 나빠
2. 피로가 쌓였나
3. 소화불량
4. 건강 검진을 받아
5. 조기에 발견하지
6. 건강 관리를 해

문법 1 p. 69

연습 1

1. 약이라도
2. 사진이라도
3. 라면이라도
4. 늦은 시간이라도
5. 영화라도
6. 배로라도
7. 카페에서라도

문법 2 p. 71

연습 1

1. 읽든지, 걷든지
2. 신청하시든지, 방문하시든지
3. 말하든지 듣든지
4. 크든지 작든지
5. 가방이든지 옷이든지
6. 김밥이든지 비빔밥이든지
7. 만나든지

문법 3 p. 73

연습 1

1. 빌리다가는
2. 먹다가는
3. 놀다가는
4. 내리다가는
5. (예시) 그렇게 스트레스를 음식으로 풀다가는 살이 찔 수 있으니까 다른 방법을 찾아 보세요.

연습 2

1. (예시) 눈이 나빠질 텐데요
2. (예시) 일할 곳을 못 찾게 될걸요.
3. (예시) 집이 복잡해질 거야.

말하기 p. 74

연습 1

1. 어깨하고 목 부분의 통증이 심해서 병원에 다녀왔습니다.
2. 하루 종일 컴퓨터 앞에 앉아서 일하는 사람들이 잘 걸립니다.
3. 어깨랑 목 근육이 늘어나기 때문입니다.
4. 어깨를 편 자세를 유지하는게 중요합니다.

듣기 pp. 76–77

연습 1

1. O
2. X
3. X
4. O
5. X

연습 2

1. ①
2. ③

연습 3

1. 돈이 많든 회사에서 인정을 받든
2. 병을 치료하고 건강을 회복하려면
3. 적은 시간이라도 매일매일 꾸준히 하는 것이
4. 생활 습관의 실천을 미루다가는

읽기 p. 79

연습 1

1.

한국	배, 꿀이나 설탕	물에 넣고 끓인다	기침을 하는 사람
일본	술, 계란, 꿀	다 같이 넣고 끓인다	콧물이 나고 목에 통증을 느끼는 사람
미국	닭고기, 채소	수프를 만든다	기운이 없고 목이 부은 사람

2. 감기는 약을 먹지 않아도 시간이 지나면 자연스럽게 낫는다는 뜻입니다.

한국어 더하기 p. 81

연습 1

1. c
2. a
3. f
4. b
5. d
6. e

연습 2

1. d
2. c
3. e
4. a
5. b
6. f

5과

어휘와 표현 p. 85

연습 1

1. 도난당했어요
2. 가짜 뉴스가 퍼졌다면서
3. 고소했다
4. 법을 위반하면
5. 명예를 훼손하면
6. 처벌을 받게

연습 2

1. 응급실로 옮겨졌으나
2. 사망했습니다.
3. 수술하고
4. 부주의했던
5. 과속했는지
6. 신호를 어기고

문법 1 p. 87

연습 1

1. 친구의 말에 따르면 친구들 모두 시험에 합격했다고 해.
2. 일기예보에 의하면 내일부터 기온이 오르겠다고 합니다.
3. 설문 조사 결과에 따르면 직장인의 60%가 자유로운 출근 시간을 더 좋아한다고 합니다.
4. 의사의 말에 의하면 일주일 정도 입원해야 한다고 합니다.

연습 2

1. 친구의 말에 의하면 환경 문제를 해결하기 위한 기술을 개발 중이라고 해요.
2. (예시) 뉴스에 따르면 다음 주에 서울에서 축제가 열린다고 합니다.
3. (예시) 역사에 따르면 한글은 1443년에 만들어졌대요.

문법 2 p. 89

연습 1

1. 잘해야 할 텐데
2. 그쳐야 할 텐데요.
3. 휴대폰을 찾아야 할 텐데
4. 건강해야 할 텐데
5. (예시) 부상이 크지 않아야 할 텐데요
6. (예시) 한국 생활에 잘 적응해야 할 텐데요.

연습 2

1. 할 테니까
2. 피곤할 텐데
3. 들어야 할 텐데
4. 힘들 텐데
5. 잘 어울려야 할 텐데요.

문법 3 p. 91

연습 1

1. 기억하지 못할 리가 없어요
2. 없을 리가 없으니까
3. 잘 안 될 리가 없어요
4. 갈 리가 없어요.
5. 음주 운전을 했을 리가 없어요
6. 헤어졌을 리가 없어요.
7. 말했을 리가 있겠어
8. 모를 리가 있어요

말하기 p. 92

연습 1

1. 아직 운전이 서툴기 때문입니다.
2. 매우 조심해서 운전하기 때문입니다.
3. 앞 차가 갑자기 설 때도 있기 때문입니다.
4. 안전 운전하는 방법에 대해 알려주고 있습니다.

듣기 pp. 94-95

연습 1

1. X
2. X
3. O
4. O
5. X

연습 2

1. ①, ②
2. 인터넷에서 퍼진 뉴스들을 무조건 믿지 말고 사실인지 아닌지 확인해 보는 태도가 필요하다고 합니다.

연습 3

1. 명예 훼손으로 고소했습니다
2. 경찰에 따르면 / 어떤 처벌도 받지 않았다는 내용을 인터넷에 올렸다고 합니다
3. 그럴 리가 없다는 팬들의 목소리도 나왔지만
4. 자신에 대한 오해가 풀려야 할 텐데

읽기 p. 97

연습 1

1. ③
2. ③

6과

어휘 p. 101

연습 1

1. 겸손하시네요

2. 긍정적이야
3. 까다로운
4. 이성적으로
5. 용감한
6. 너그러우시잖아요

연습 2

1. 다정한
2. 이기적인
3. 외향적인
4. 변덕스러운
5. 고집이 센
6. 부끄러움이 많은

문법 1 p. 103

연습 1

1. 신었어야 했는데
2. 일찍 일어났어야 했는데
3. 만들었어야 했는데
4. 맞았어야 했는데
5. 시원했어야 했는데
6. 쉬웠어야 했는데
7. 조심했어야 했는데
8. 공부를 열심히 했어야 했는데

문법 2 p. 105

연습 1

1. 먹으려던 참
2. 가려던 참이야
3. 자려던 참이었어요
4. 가려던 참
5. 하려던 참
6. 주려던 참
7. 읽으려던 참이었어요
8. 퇴근하려던 참이었어요

문법 3 p. 107

연습 1

1. 먹는 바람에
2. 멈추는 바람에
3. 놓고 오는 바람에
4. 야근하는 바람에
5. 부는 바람에
6. 우는 바람에
7. 잃어버리는 바람에

말하기 p. 108

연습 1

1. 야오밍은 갑자기 발표 순서를 바꿨기 때문입니다.
2. 자료를 모으다 보니 이 주제에 맞는 자료가 부족했기 때문입니다.
3. 지난주에 화낸 것을 사과했습니다.
4. 마음이 가볍습니다.

듣기 pp. 110–111

연습 1

1. X
2. O
3. O
4. O
5. O

연습 2

1. 겸손이 너무 지나치면 사람들에게 그 겸손이 진심이 아닌 것처럼 느껴질 수 있기 때문입니다.
2. 남자와 서점에 가서 책을 사려고 합니다.

연습 3

1. 지나치게 칭찬을 하는 바람에
2. 좀 더 깊게 생각했어야 했나 봐.
3. 긍정적으로 생각하고 표현하는 게
4. 서점에 가려던 참인데

읽기 p. 113

연습 1

1. 빠른 경제 개발을 위해 짧은 시간 안에 많은 물건을 만들어야 했고, 일을 빨리 처리하는 것이 중요했습니다.
2. 1) 긍
   2) 부
   3) 부
   4) 긍

한국어 더하기 p. 115

연습 1

1. c
2. a
3. b

연습 2

1. 무관심
2. 풋고추를
3. 불친절해서
4. 무선
5. 불확실해요
6. 풋감이라서

7과

어휘 p. 119

연습 1

1. 리더십이지요
2. 인재를
3. 성과를 올리면
4. 삶과 일의 균형을 찾지
5. 근무환경은

연습 2

1. 목표를 세운다
2. 회의를 연다
3. 의견을 조율한다
4. 보고서를 작성하게
5. 협력하는
6. 팀을 이끌고

문법 1 p. 121

연습 1

1. 혼이 나고도
2. 다녀오고도
3. 예쁘고도
4. 그림 같고도
5. 따뜻하고도
6. 슬프고도
7. 입고도

문법 2 p. 123

연습 1

1. 덥기에
2. 부탁하기에
3. 피었기에
4. 궁금해하시기에
5. 볼 수 있기에
6. 경찰이기에
7. 오해하고 계시기에

문법 3 p. 125

연습 1

1. 입은/갈아입지 않은 채로
2. 든 채로
3. 넣지 않은 채로
4. 꽂지 않은/뺀 채로
5. 안경을 쓴 채로
6. 켜 놓은 채로
7. 신지 않은/벗은 채로

말하기 p. 126

연습 1

1. 1) 가
   2) 나
   3) 나
   4) 가
2. 점심시간은 회사원 각자의 개인적인 시간이라고 인식이 바뀌었기 때문에 변했다고 생각합니다.
3. 책을 읽을 계획입니다.

듣기 pp. 128–129

연습 1

1. O
2. X
3. X
4. X
5. O

연습 2

1. 1) 공연 감상

2) 봉사 활동
2. 서로 협력하면서 더 빨리 가까워질 수 있다고 했습니다.

연습 3

1. 술을 많이 마시고도
2. 늦게 퇴근했기에
3. 옷도 갈아입지 않은 채로
4. 고민을 나누고 응원하는

읽기 p. 131

연습 1

1. ①
2. 주어진 시간에 집중하는 것입니다.
3. 가장 급하고 중요한 일부터 하는 것이 좋습니다.

8과

어휘 p. 135

연습 1

1. 교육 제도는
2. 비판적으로 사고하는
3. 고학력의
4. 우등생
5. 성적표를
6. 공평한 기회를 얻을

연습 2

1. 사교육을
2. 교육열이 높으신가
3. 입시를 치를
4. 경쟁이 심해질
5. 사회성을 배우는

문법 1 p. 137

연습 1

1. 입다니요
2. 버리다니
3. 몰랐다니요
4. 춥다니
5. 말했다니요
6. 퇴근하라니
7. 짜다니요
8. 아버지시라니요

문법 2 p. 139

연습 1

1. 먹기만 하면
2. 보기만 하면
3. 듣기만 하면
4. 가기만 하면
5. 부르기만 하면
6. 하기만/잡기만 하면
7. 바르기만 하면
8. 읽기만 하면

문법 3 p. 141

연습 1

1. 중간 지점에서 만나는 셈이네요
2. 다 먹은 셈이에요
3. 새운 셈이야
4. 만든/다 준비한 셈이에요
5. 안 그리는 셈이군요
6. 한국 사람인 셈이에요
7. 더 싼/저렴한 셈이에요
8. 다 끝난/다 한 셈이에요

말하기 p. 142

연습 1

1. 사교육의 단점
2. 공교육의 장점
3. 사교육의 장점
4. 공교육의 단점

듣기 pp. 144–145

연습 1

1. O
2. O
3. O
4. X
5. X

연습 2

1. 한국은 작고 자원이 부족하기 때문입니다.
2. 기술과 노동력을 제공했습니다.

연습 3

1. 대학을 가기만 하면 성공할 수 있다
2. 망설이지 않고 자신을 희생하다니
3. 심한 입시 경쟁으로
4. 우리 모두 노력할 때라고 본다

읽기

p. 147

연습 1

1. ③
2. 공교육만으로는 수시에 필요한 논술이나 자기소개서 작성, 면접 등을 준비하기가 힘들기 때문입니다.

한국어 더하기

p. 149

연습 1

1. 삼점오킬로그램
2. 이밀리리터
3. 칠십구제곱미터
4. 사분의 삼
5. 삼점이팔오육
6. 다섯 배

연습 2

1. 백오십그램
2. 이백밀리리터
3. 이십제곱미터
4. 이분의 일
5. 삼점칠오킬로미터
6. 다섯 배

9과

어휘

p. 153

연습 1

1. 최초로 공개합니다
2. 미디어
3. 보도
4. 영향력이 크므로
5. 다큐멘터리를
6. 생방송으로
7. 대중문화

연습 2

1. 화제가 되고
2. 현실을 반영하고
3. 작품
4. 출연하기로
5. 시청률이 높을

문법 1

p. 155

연습 1

1. 아는 척하는
2. 못 들은 척해요
3. 사는 척하고
4. 친절한 척하는
5. 재미있는 척 한
6. 여유가 없는 척하지/바쁜 척하지
7. 못 본 척/모르는 척 했어요
8. 생긴 척하고/있는 척하고

문법 2

p. 157

연습 1

1. 아이치고 – 좋아하는
2. 한국 사람치고 – 먹는
3. 물건 – 좋은
4. 음식 – 건강에 좋은

연습 2

1. 처음 구운 과자치고
2. 외국인 – 한국말을 잘하네요
3. 아이 – 힘이 센
4. 원룸 – 넓은

문법 3

p. 159

연습 1

1. 여름이면 여름, 가을이면 가을
2. 평일이면 평일, 주말이면 주말
3. 돈이면 돈, 외모면 외모

4. 공포 영화면 공포영화, 코미디 영화면 코미디 영화
5. 연기면 연기, 춤이면 춤
6. 듣기면 듣기, 쓰기면 쓰기
7. (예시)산이면 산, 강이면 강 안 가본 여행지가 없어요.

말하기

p. 160

연습 1

1. 드라마와 예능을 즐겨 봅니다.
2. 미디어 기술이 발전했기 때문입니다.
3. 어렸을 때 우연히 TV 방송으로 한국 드라마를 보게 되었다고 합니다.
4. 한국의 전통 문화와 음식에도 관심이 많기 때문입니다.

듣기

pp. 162–163

연습 1

1. O
2. X
3. X
4. O
5. X

연습 2

1. 예전에는 조용한 노래였는데 이번 곡은 이 가수의 노래치고 꽤 빠른 편입니다.
2. 새로 나온 노래를 최초로 공개하기 위해서 출연했습니다.

연습 3

1. 노래면 노래, 작곡이면 작곡
2. 나오자마자 화제가 되니까
3. 제 노래치고 꽤 빠른 편입니다
4. 긴장을 안 하는 척하고 있지만

읽기

p. 165

연습 1

1. ④
2. 10일 오후 7시에 열립니다.

10과

어휘

p. 169

연습 1

1. 이해관계
2. 인구가 감소하고
3. 차별하는
4. 논란이 되고
5. 불평등
6. 출산율이 낮아지고
7. 사회적 약자를

연습 2

1. 고령화 사회가
2. 사기를 쳐서
3. 사기를 당하는
4. 악화되어
5. 피해자가 발생하지
6. 급격히 변화하는

문법 1

p. 171

연습 1

1. 먹을 따름이에요
2. 최선을 다할 따름이에요
3. 아쉬울 따름이에요
4. 학생일 따름이에요
5. 일을 했을 따름이에요
6. 바라볼 따름이에요
7. 들었을 따름이라서

문법 2

p. 173

연습 1

1. 친해지기 마련이니까
2. 끝이 있기 마련이니까요
3. 싫증이 나기 마련이에요
4. 실수를 하기 마련이야
5. 짜증이 나기 마련이잖아
6. 적응이 되기 마련이에요
7. 값이 비싸기 마련이지요
8. (예시) 꽃은, 여자들은 꽃을 좋아하기 마련이거든요

문법 3 p. 175

연습 1

1. 천천히 먹을걸 그랬어요
2. 갈걸 그랬어요.
3. 받지 말걸 그랬다
4. 잠글걸 그랬다
5. 넣을 걸 그랬네요
6. 잘해줄걸 그랬어요
7. 음료수를 살걸/주문할걸 그랬네
8. 사 주지 말걸 그랬어

말하기 p. 176

연습 1

1. 키오스크로 주문하시는 걸 도와드렸습니다.
2. 요즘은 미리 인터넷으로 예약하지 않으면 이용할 수 없는 곳이 많기 때문입니다.
3. 어제 부모님이 인터넷으로 식당 예약을 대신 해 달라고 했을 때 친절하게 해 드리지 않은 것을 후회하고 있습니다.
4. (예시) 인터넷으로 은행 업무를 보는 것을 힘들어하십니다.

듣기 pp. 178–179

연습 1

1. O
2. X
3. O
4. O
5. O

연습 2

1. 집을 마련하려고 하는데 집값이 너무 올라서 집을 사기는커녕 집을 빌리는 것도 힘듭니다.
2. ①, ③

연습 3

1. 집을 사기는커녕 집을
2. 예전에 집을 사 놓을 걸 그랬어요
3. 그 때문에 출산율이 낮아지기 마련이에요
4. 사회적 불평등이 점점 악화될

읽기 p. 181

연습 1

1. 60년대부터 80년대까지 적게 낳자는 정책을 유지하다가 출산율이 너무 낮아지자 2000년대부터는 출산 장려 정책을 시행했습니다.
2. ②

한국어 더하기 p. 183

연습 1

1. a
2. c
3. b

연습 2

1. 이사철에는
2. 멋쟁이셔서
3. 김장철이
4. 손짓을
5. 거짓말쟁이라는
6. 눈짓을

어휘와 표현 Vocabulary & Expressions

ㄱ

어휘(KOR)	어휘(ENG)
가능/불가능하다	To be possible / impossible
가득	To be full of/be loaded with
가렵다	To be itchy
가정	Home / household
가짜 뉴스가 퍼지다	To spread fake news
가치	Value
갈등이 생기다	To have a conflict
감독	Movie director
감싸다	To wind around
감정적	Emotional
강릉	Gangneung
강사	Instructor
강요당하다	To be forced
개발에 힘쓰다	To devote efforts to development
개선하다	To improve
객관적이다	To be objective
거북이	Turtle
거짓	False
건강 검진을 받다	To get a check-up
건강 관리를 하다	To manage one's health
건축	Architecture
결과를 낳다	To bring about results
결승	Final match
겸손하다	To be humble
경상북도	Gyeongsangbuk-do
경쟁이 심하다	To have intense competition
경주	Gyeongju
경치가 빼어나다	To have beautiful scenery
곁	Beside
고급	Gourmet(food)
고령화 사회	Aging society
고소하다	To sue
고정하다	Stay tuned
고집이 세다	To be stubborn
고춧가루	Red pepper powder
고학력	High academic background
골	Goal
공교육	Public education
공사를 하다	To renovate(construction)
공짜	Free of charge
공평한 기회를 얻다	To gain equal opportunity
과속하다	To speed
과정	Process
관계를 맺다	To build a relationship
관광객이 모여들다	To attract tourists
괜히	Vainly
교육 제도	Education system
교육열이 높다	To have strong enthusiasm for education
교통약자석	Priority seat for the transportation disadvantaged
구매하다	To purchase
구멍	Hole
국내	Domestic
국립	National
굽	Heel
귀중하다	To be valuable
그저	Merely
근무 환경	Work environment
금속 활자	Metal movable type
급격하다	To be rapid
급격히 변화하다	To change rapidly
긍정적	Positive
기록	Record
기본	Basic
기여하다	To contribute
기존	Existing
까다롭다	To be picky
깨어나다	To wake up

ㄴ

어휘(KOR)	어휘(ENG)
나뉘다	To be divided
나아가다	To move forward
낚싯대	Fishing rod
남부	The southern region
낯설다	To be unfamiliar
낯을 가리다	To be shy with strangers
내장산	Mt. Naejangsan

내향적이다	To be introverted
너그럽다	To be generous
너희	You guys
노동력	Workforce
노동력	Labor force
논란이 되다	To become controversial
논술	Essay writing
논의하다	To discuss
눈꽃축제	Snow Festival
눈치를 주다	To give someone a (subtle) hint
뉴스 보도	News report

ㄷ

어휘(KOR)	어휘(ENG)
다정하다	To be kind
다큐멘터리	Documentary
담백하다	To be light in flavor
대관령	Daegwallyeong
대도시	Large city
대중매체	Mass media
대중문화	Popular culture
대책	Countermeasure
댄스곡	Dance song
덧붙이다	To add
도난당하다	To be stolen
도로	Road
독감에 걸리다	To catch the flu
돌진하다	To rush forward(toward)
동시에	At the same time
두 마리 토끼를 잡다	To catch two rabbits once (to achieve two goals at once)
드라마	Drama/TV series
디지털	Digital
뚫다	To make a hole / to pierce

ㄹ

어휘(KOR)	어휘(ENG)
리더십	Leadership

ㅁ

어휘(KOR)	어휘(ENG)
마련하다	To prepare
마음껏	As much as one wants
맛집	Popular restaurant
망설이다	To hesitate
먹거리가 풍부하다	To have abundant food options
명예를 훼손하다	To damage one's reputation
목표를 세우다	To set a goal
몸살이 나다	To have body aches
문제를 다루다	To handle a problem
문제에 대처하다	To deal with a problem
문제와 해결	Problem and solution
묻다	To bury
물가	Prices / cost of living
물가	Cost of living
물을 틀다	To turn on the water
미디어	Media
믹스 커피	Instant coffee mix

ㅂ

어휘(KOR)	어휘(ENG)
박사	Doctorate / Ph.D.
박수	Applause
반대에 부딪히다	To face opposition
받아들이다	To accept
발견하다	To discover
발명하다	To invent
발효	Fermentation
방향 지시등	Turn signal
배	Pear
범죄	Crime
법률	Law
법을 위반하다	To break the law
변덕스럽다	To be moody
별명	Nickname
보고서를 작성하다	To write a report
보관하다	To store
보조	Assistant
보충하다	To make up for(weakness)
본질	Essence
부끄러움이 많다	To be shy
부산	Busan
부정적	Positive
부주의하다	To be careless
북부	The northern region
불교	Buddhism
불씨	Spark

불평등	Inequality
비자	Visa
비판적으로 사고하다	To think critically
빼앗다	To take away

ㅅ

어휘(KOR)	어휘(ENG)
사건과 사고	Incidents and accidents
사교육	Private education
사교육	Private education
사교적이다	To be sociable
사기를 당하다	To be scamed
사기를 치다	To scam
사망하다	To die
사인	Signature
사회 문제	Social issue
사회 진출을 하다	To enter the society
사회성을 배우다	To learn social skills
사회적 약자	Socially disadvantaged group
삶과 일의 균형을 찾다	To find balance between life and work
상관없이	Regardless of
상식	Common sense
상태	Condition / state
생겨나다	To arise
생방송	Live broadcast
생활의 질이 향상되다	To improve the quality of life
서비스를 지원하다	To support a service
서울	Seoul
서툴다	To struggle with
선행학습	Pre-learning
성격과 태도	Personality and attitude
성과를 올리다	To achieve results
성별	Gender
성장하다	To grow
성적표	Report card
세계적	Global / worldwide
소문	Rumor
소방차	Fire truck
소재	Theme
소화 불량	Indigestion
소화기	Fire extinguisher
속도	Speed
속마음	Inner feelings
속이 불편하다	To have an upset stomach
손쉽다	To be easy to use
송어	Trout
수도권	The Seoul metropolitan area
수많다	Countless/Numerous
수술하다	To perform surgery
수학	Mathematics
순간	Moment
스스로	By oneself
스팸	Spam(message)
스포츠	Sports
습도	Humidity
승용차	Passenger car
시간을 효율적으로 활용하다	To use time efficiently
시기	Period / time
시절	Days
시청률이 높다/낮다	To have high viewership/To have low viewership
시행하다	To implement
신곡	New song
신중하다	To be careful
신호를 어기다	To violate a signal
실천	Action
실행하다	To execute

ㅇ

어휘(KOR)	어휘(ENG)
악화되다	To worsen
안동	Andong
안색이 좋다/안 좋다	To look healthy / pale
안전벨트	Seat belt
안주	Anju(food to go with alcohol)
앞두다	To be ahead of
어려움을 겪다	To experience difficulties
어르신	Elder
어색하다	To be awkward
어우러지다	To be harmonized
없애다	To remove
역사적이다	To be historical
열정	Passion
열중하다	To be absorbed in
영양제를 복용하다	To take nutritional supplements
영향력이 크다	To have great influence
영화 현장	Filming site

예능	Entertainment show
예방 주사를 맞다	To get a vaccination
올림픽	The Olympics
외국인 종합 안내센터	Foreigners' information center
외출복	Going-out clothes/Outfit
외향적이다	To be outgoing
용감하다	To be brave
우등생	Honor student
우수하다	To be excellent
우정을 나누다	To share friendship
운동량	Amount of exercise
운전면허	Driver's license
울다가 웃다가 하다	To cry and laugh (to go through ups and downs)
위주	Centered on
위치하다	To be located
유럽	Europe
유리창	Glass window
유출	(Data)Leakage
유학생	International student
육아	Childcare
응급실로 옮겨지다	To be taken to the emergency room
의견을 조율하다	To coordinate opinions
의논하다	To discuss
의무	Duty
이기적이다	To be selfish
이르다	To reach / to arrive
이비인후과	Otolaryngology
이성적	Rational
이어지다	To continue
이어폰	Earphones
이해관계	Interest relationship
인구 분포	Population distribution
인구가 감소하다	To decrease in population
인구가 증가하다	To increase in population
인스턴트 음식	Instant food
인재	Capable person
인정받다	To be recognized
인테리어	Interior design
일상 속 발명	Inventions in daily life
일석이조	To kill two birds with one stone
일시적	Temporary
입맛/눈길을 사로잡다	To capture one's taste / attention
입술	Lips
입시를 치르다	To take an entrance exam
입을 모으다	To speak with one voice
입장이 다르다	To have a different stance

ㅈ

어휘(KOR)	어휘(ENG)
작곡	To compose
작품	Work(of art)
잔뜩	Heavily
장려	Encouragement
장르	Genre
장애인	Person with disabilities
재킷	Jacket
전국 곳곳	All over the country
전국체육대회	National sports festival
전반전	First half
전쟁이 나다	To break out a war
전주	Jeonju
전체	Whole area
전통을 보전하다	To preserve tradition
점검	Inspection
점차	Gradually
정성	Dedication/Care
정신적	Mental
젖다	To get wet
제주도	Jeju Island
조각	Sculpture
조기에 발견하다	To detect early
조절하다	To control / adjust
좋은 반응을 얻다	To receive a positive response
주거	Housing
주위	Around
중요성	Importance
즉	That is
직장 문화	Workplace culture
직장인	Office worker
진정한	True / Authentic
질병과 예방	Disease and prevention
N짜리	of N
찜닭	Jjimdak(Braised chicken)

ㅊ

어휘(KOR)	어휘(ENG)
N차	Nth round
차다	To kick
차별하다	To discriminate
차선	Lane
채널	Channel
처벌을 받다	To be punished
첨가하다	To add
청년	Youth
체격	Physique/Body build
체하다	To have indigestion
최초로 공개하다	To release for the first time
출산	Childbirth
출산율이 낮다	To have a low birth rate
출산율이 높다	To have a high birth rate
출연하다	To appear

ㅋ

어휘(KOR)	어휘(ENG)
코끼리	Elephant
콘센트를 뽑다	To unplug
콩나물국밥	Bean sprout soup with rice
큰돈	Large amount of money
키오스크	Kiosk

ㅌ

어휘(KOR)	어휘(ENG)
탈춤	Talchum(Korean traditional mask dance)
토의하다	To debate
통신	Communication
통증을 느끼다	To feel pain
투어 콘서트	Tour concert
특색이 있다	To be distinctive
팀원	Team member
팀을 이끌다	To lead a team
팀장	Team leader

ㅍ

어휘(KOR)	어휘(ENG)
편의를 제공하다	To provide convenience
평등	Equality
평범하다	To be ordinary
평생	Lifetime
평창	Pyeongchang
폭력	Violence
풍요롭다	To enrich(fulfilling)
프로젝트	Project
피로가 쌓이다	To build up fatigue
피해자가 발생하다	To have victims occur
필수	Essential
필요성을 느끼다	To feel the need

ㅎ

어휘(KOR)	어휘(ENG)
한국의 교육	Education in Korea
한국의 명소	A famous attraction in Korea
항의하다	To complain
해결책을 제시하다	To suggest a solution
향하다	To head toward
헛수고	Vain effort
현실을 반영하다	To reflect reality
협력하다	To cooperate
형태	Form
화제가 되다	To become an issue
회복하다	To recover
회의를 열다	To hold a meeting
후반	Late / Latter half
후반전	Second half
휠체어	Wheelchair
휴식을 취하다	To take a rest
흔들다	To shake
흙길	Dirt road

6과

a가 많은 당신!

당신은 활발하고 외향적입니다. 용감하며 다른 사람들을 잘 이끄는 사람입니다. 당신은 새로운 것을 도전하는 것도 즐기는군요.

b가 많은 당신!

당신은 내성적이고 생각이 깊습니다. 혼자 있는 것을 즐기며 이성적으로 생각하기 때문에 사람들이 조언을 많이 구하는군요.

c가 많은 당신!

당신은 재미있는 사람입니다. 항상 사람들을 웃게 해 주기 때문에 어떤 자리에서도 환영을 받습니다. 너그럽기 때문에 친구들에게 인기도 많군요.

d가 많은 당신!

당신은 긍정적인 사람입니다. 항상 좋은 면을 보기 때문에 스트레스를 적게 받습니다. 당신은 이성적인 면과 감성적인 면을 모두 가지고 있군요.

GREEN
KOREAN
LANGUAGE SCHOOL

GREEN
KOREAN
LANGUAGE SCHOOL